Scrum

Cómo utilizar el esquema llamado Scrum para obtener mayor producción mientras aumenta la calidad

© **Derechos de autor 2019**

Todos los derechos reservados. Este libro no puede ser reproducido de ninguna forma sin el permiso escrito del autor. Críticos pueden mencionar pasajes breves durante las revisiones.

Descargo: Esta publicación no puede ser reproducida ni transmitida de ninguna manera por ningún medio, mecánico o electrónico, incluyendo fotocopiado o grabación, o por cualquier sistema de almacenamiento o recuperación, o compartido por correo electrónico sin el permiso escrito del editor.

Aunque se han realizado todos los intentos por verificar la información proporcionada en esta publicación, ni el autor ni el editor asumen responsabilidades por errores, omisiones o interpretaciones contrarias con respecto al tema tratado aquí.

Este libro es solo para fines de entretenimiento. Las opiniones expresadas son solo del autor y no deben tomarse como instrucciones de expertos. El lector es responsable de sus propias acciones.

La adherencia a todas las leyes y normativas aplicables, incluidas las leyes internacionales, federales, estatales y locales que rigen las licencias profesionales, las prácticas comerciales, la publicidad y todos los demás aspectos de la actividad comercial en EE. UU., Canadá, Reino Unido o cualquier otra jurisdicción es responsabilidad exclusiva del comprador o lector

Ni el autor ni el editor asumen responsabilidad alguna en nombre del comprador o lector de estos materiales. Cualquier parecido con cualquier individuo u organización es pura coincidencia.

Contents

INTRODUCCIÓN 1

CAPÍTULO 1: PRINCIPIOS Y VALORES DE AGILE 3

    Los 4 valores de gestión de proyectos Agile 5

    Los 12 principios de la gestión de proyectos Agile 7

CAPÍTULO 2: ¿QUÉ ES SCRUM? 11

    Equipo de desarrollo 15

    Scrum Master 16

    Planificación 18

    Scrum diario 18

    Revisión del Sprint 19

    Retrospectiva del Sprint 19

CAPÍTULO 3: ¿POR QUÉ SCRUM? 20

CAPÍTULO 4: TRES ARTEFACTOS SCRUM: CARTERA DE PRODUCTOS, CARTERA DE SPRINT E INCREMENTO DE PRODUCTOS 30

    Cartera del Sprint 34

    Incremento del producto 35

CAPÍTULO 5: EL CICLO DEL SPRINT 38

CAPÍTULO 6: ESTIMACIÓN SCRUM 43

CAPÍTULO 7: PLANIFICACIÓN Y HOJAS DE RUTA SCRUM 52

Hoja de ruta del producto ahora-después-luego 56

Mapa de la historia del producto 56

Consejos para la hoja de ruta del producto 57

CAPÍTULO 8: EL SCRUM DIARIO 58

CAPÍTULO 9: LECCIONES APRENDIDAS DE LOS ESTUDIOS DE CASO DE SCRUM 64

CAPÍTULO 10: QUÉ ES UN SCRUM MASTER Y QUÉ NO ES 70

CAPÍTULO 11: ERRORES COMUNES DE SCRUM 75

CAPÍTULO 12: MITOS COMUNES DE SCRUM 85

CAPÍTULO 13: CONSEJOS FINALES 94

CONCLUSIÓN 101

Introducción

En los siguientes capítulos conocerá el asombroso mundo de la metodología Scrum en un entorno Agile. ¡No se preocupe si a esta altura esto suena complejo y confuso! La terminología es considerada como la parte más difícil del proceso. Tómese el tiempo de leer los capítulos para aprender qué significa "Agile" y qué significa realmente "Scrum". Sumérjase en los cinco valores de un entorno Scrum y las funciones del equipo Scrum. Además, descubra los diversos beneficios de adoptar Scrum en su empresa y qué herramientas existen para ayudarlo a tener éxito en el desarrollo de su proyecto.

No importa en qué industria se encuentre o qué tan grandes o pequeños sean sus proyectos, Scrum es una metodología de esquema flexible. Aprenda cómo funciona el ciclo de Scrum, Sprint y cómo averiguar las fechas de lanzamiento y el esfuerzo para las tareas. Deténgase algo de tiempo en el capítulo 8. ¡Agradecerá haberlo hecho! Este proceso en particular, el Scrum diario, es un concepto simple que puede hacer confundir incluso a los equipos más capacitados. Aprenda cómo dominar su plan diario y la revisión de tareas completadas para lograr el máximo esfuerzo hacia sus metas.

Si tiene dudas de que este sea un proceso de aplicación para la vida real, revise algunos de los estudios de casos identificados en el capítulo 9. Las grandes corporaciones han tenido éxito al igual que una multitud de pequeñas y medianas empresas. ¿Por qué no usted? ¡Ahora es el momento de descubrir lo que Scrum puede hacer por usted!

Hay muchos libros sobre este tema en el mercado, así que gracias por elegir este. Se hicieron todos los esfuerzos posibles para garantizar que estuviera lleno de la mayor cantidad de información útil posible.

¡Por favor, disfrútelo!

Capítulo 1: Principios y valores de Agile

Desde la publicación del "Manifiesto Agile", se han creado innumerables proyectos y actividades basadas en sus principios y valores. Antes de esta publicación, el proceso de un proyecto era largo y lento. Debido a este compromiso de tiempo, no era infrecuente que varios proyectos en espera de completarse se cancelaran porque las necesidades del negocio cambiaron antes de que comenzara. Este problema común incluye varias industrias, como la industria del desarrollo de software, para la interferencia. Proporcionar productos de calidad en un tiempo más corto a través de un proceso diferente fue la misión del "Manifiesto Agile" y los "12 Principios del software Agile".

Esta publicación es el principio de la gestión de proyectos Agile. Si bien Agile se creó teniendo en cuenta la industria del software, sus principios y valores también se pueden transferir a muchas otras industrias. Otras industrias eligen un enfoque Agile porque enfatiza un proceso de manufactura esbelta, comunicación y colaboración entre equipos. Además, Agile ofrece la oportunidad de crear rápidamente pequeños grupos de características bajo el paraguas de la estrategia coherente y global. Ser capaz de adaptarse a los cambios es la razón por la cual este proceso es tan exitoso en casi todas las aplicaciones. Para comprender mejor cómo funciona el proceso Agile, primero debe comprender los 12 principios básicos y los 4 valores fundamentales descritos en el "Manifiesto Agile".

La historia del manifiesto Agile

A principios de la década de 1990, la industria del software se mantenía luchando. Combatió la tensión entre brindar las respuestas a lo que necesitaba la industria y las funciones y aplicaciones que el cliente deseaba. Debido a la velocidad de la industria, las compañías de software no pudieron mantenerse al día. Esto llevó a que nunca se desarrollaran grandes ideas y se cancelaran los proyectos. Mientras la empresa intentaba entregar lo que el cliente solicitaba originalmente, la necesidad cambió y el producto final ya no entregaba lo que se requería, a pesar de que proporcionaba lo que el cliente solicitó originalmente. El método tradicional de gestión de proyectos de "cascada" no era propicio para la maleabilidad de un sistema de software ni para la demanda de un tiempo de respuesta rápido.

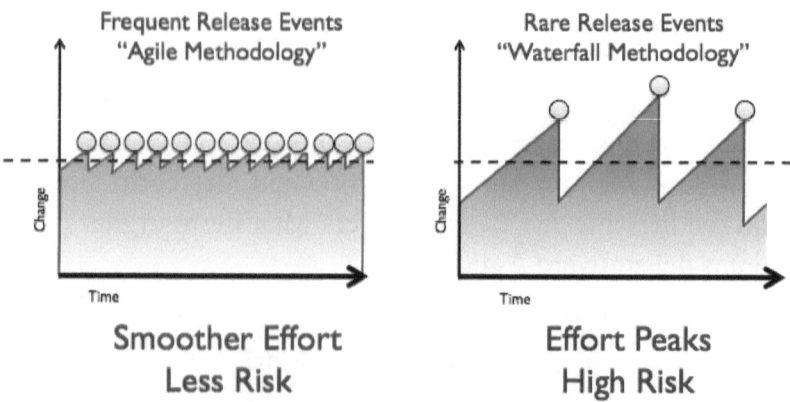

Christopher Little, CC BY 3.0 <https://creativecommons.org/licenses/by/3.0>, via Wikimedia Commons https://commons.wikimedia.org/wiki/File:Agile-vs-iterative-flow.jpg

Fueron 17 líderes en la industria del software los que se reunieron en el año 2000 para encontrar una solución. Acuñados como "líderes de pensamiento" del manifiesto, varios líderes influyentes como Arie van

Bennekum, Ward Cunningham, Kent Beck, Alistair Cockbum y John Kern se reunieron primero en Oregon en el año 2000 y luego nuevamente en el 2001 en Utah para finalizar sus ideas. Cuando el grupo se reunió por segunda vez, crearon la versión final del "Manifiesto Agile" y los "12 Principios del software Agile". El manifiesto cita lo siguiente:

"Estamos descubriendo mejores formas de desarrollar software, haciéndolo y ayudando a otros a hacerlo. A través de este trabajo, hemos llegado a valorar: individuos e interacciones sobre procesos y herramientas, software de trabajo sobre documentación completa, colaboración de clientes sobre negociación de contratos, respondiendo a cambiar sobre seguir un plan. Es decir, mientras hay valor en los elementos de la derecha, valoramos aún más los elementos de la izquierda".

Los 4 valores de gestión de proyectos Agile

En la cita anterior, los autores del manifiesto describieron los cuatro valores principales del proceso de gestión de proyectos Agile. Ellos son:

1. Individuos e interacciones sobre procesos y herramientas
2. Software funcional contra documentación completa
3. La colaboración del cliente contra la negociación de contratos
4. Respondiendo al cambio contra seguir un plan

La forma en que aplique estos valores puede ser diferente según la interpretación de la metodología que elija seguir; sin embargo, independientemente del método que elija implementar, sus acciones dependen de los valores y principios para liderar su creación y lanzamiento de productos funcionales superiores.

1. Individuos e interacciones sobre procesos y herramientas

El valor primario descrito en el manifiesto identifica el concepto de que las personas son más valiosas que las herramientas o los procesos en un entorno Agile. Esto puede parecer un concepto fácil porque las personas son las responsables de la respuesta a las necesidades y la utilización de herramientas y procesos. El problema que identifica es que una determinada herramienta de procesador puede ser un controlador para el desarrollo a veces. Cuando esto sucede, los equipos dejan de responder a los cambios inminentes y no son capaces de satisfacer las necesidades del cliente. Por ejemplo, cuando una empresa valora un proceso sobre la persona, la comunicación se planifica y se cronometra. Cuando es al revés, y la compañía coloca a las personas por encima del proceso, la comunicación fluye y ocurre cuando es necesario.

2. *Software funcional sobre documentación completa*

Crear y entregar un documento, junto con la documentación "requerida" correspondiente, consumió previamente cantidades extremas de tiempo. La recopilación de las aprobaciones necesarias para cosas como los planes de documentación, los planes para pruebas, los documentos de diseño de interfaces y el prospecto técnico, los requisitos y las especificaciones exigen una cantidad de tiempo increíble y se centran en el proceso real de entrega de resultados. Anteriormente, el proceso de documentación era largo y, a menudo, era la razón por la que los proyectos no podían completarse a tiempo. Aunque Agile no elimina por completo el requisito de documentación, sí crea un plan más intuitivo que entrega la información requerida sin todas las dificultades innecesarias. Las "historias de usuarios" son los documentos que describen los requisitos del proyecto y brindan toda la información necesaria para crear una nueva función.

3. *La colaboración del cliente contra la negociación de contratos*

Hay una gran diferencia entre negociación y colaboración. Por eso es importante esbozar los detalles de la entrega y los momentos en que los detalles se pueden renegociar como parte de la negociación por adelantado para garantizar que todos se entiendan. Esta es la razón por la que el proceso normalmente se lleva a cabo antes de comenzar cualquier trabajo y se realiza con gran detalle. Aquí, el cliente se involucraba en gran medida al principio para aclarar los detalles y luego al final, cuando se completa el producto, pero a menudo no se involucra durante el proceso de desarrollo real. El tercer valor descrito en el manifiesto cambió este método de pensamiento y volvió a centrarse en el compromiso del cliente. En un entorno Agile, todo el proceso involucra al cliente. Ahora, puede asegurarse de que cada paso esté alineado con las necesidades actuales del cliente. Dependiendo del proyecto, el compromiso puede ocurrir durante demostraciones intermitentes o todos los días. En ocasiones, un cliente solo estará presente durante ciertas reuniones críticas, mientras que en otras el cliente estará presente en cada reunión. No importa con qué frecuencia se comprometa el cliente, el propósito de esta participación constante es asegurarse de que el trabajo que se está desarrollando satisfaga sus necesidades.

4. Respondiendo al cambio contra seguir un plan

Evitar el cambio significa evitar gastos adicionales en un método de gestión de proyectos en cascada. Se detalló y elaboró un plan para minimizar el riesgo de "cambio". Estos planes definieron claramente las características y asignaron una prioridad general a los elementos procesables. Además, la mayoría de las acciones tenían un dependiente antes que ellos, lo que requiere que la acción anterior se complete antes de pasar al siguiente paso. En cambio, en un proyecto Agile, las prioridades más altas pueden escalarse, y cada iteración puede completar algo importante antes de pasar a la siguiente. Esta evaluación frecuente significa que los cambios son anticipados y alentados. Un cambio en el alcance original significa que el proyecto se está mejorando para atender mejor las necesidades del cliente.

Los 12 principios de la gestión de proyectos Agile

Además de los cuatro valores en el "Manifiesto Agile", los autores también describieron 12 principios rectores. Estos principios respaldan los valores al fomentar la aceptación del cambio y la orientación al cliente. Los principios también pretenden alinear las necesidades del negocio con el desarrollo del producto.

Los 12 principios se definen como:

1. *"Satisfacción del cliente a través de la entrega temprana y continua de software".*

   En lugar de esperar mucho tiempo para lanzar un producto, los clientes deben disfrutar de lanzamientos más frecuentes de un producto que funcione. Este cambio en la entrega resultará en un cliente más feliz.

2. *"Dar cabida a los requisitos cambiantes a lo largo del proceso de desarrollo".*

   Los cambios se producen por una multitud de razones, y esto significa que las características o requisitos originales cambiarán. En lugar de una respuesta negativa y reaccionaria, estos cambios deben adaptarse rápidamente sin retrasar la fecha de finalización del proyecto.

3. *"Entrega frecuente de software funcional".*

   El uso de Scrum en un método Agile le permite a su equipo completar tareas en iteraciones cortas o sprints. Estos cortos períodos de tiempo se centran exclusivamente en proporcionar un servicio funcional al cliente que se integre en todo el producto.

4. *"Colaboración entre las partes interesadas del negocio y los desarrolladores a lo largo del proyecto".*

   Es mejor alinear los dos departamentos críticos para el éxito del proyecto; el equipo técnico y el equipo empresarial. Esta colaboración ayuda a garantizar que se tomen las mejores decisiones para el proyecto y el cliente.

5. *"Apoyar, confiar y motivar a las personas involucradas".*

   Cuando un equipo no está satisfecho con su rol y su trabajo, no producen los mejores resultados. En cambio, centrarse en un equipo motivado y satisfecho significa que es más probable que proporcionen resultados de calidad.

6. *"Habilitar las interacciones cara a cara".*

   Cuando los equipos pueden reunirse cara a cara en la misma ubicación, es más probable que tenga una comunicación más exitosa.

7. *"El software funcional es la principal medida del progreso"*.

La clave más importante para monitorear su progreso es un producto funcional que se entrega a su cliente.

8. *"Los procesos Agile para mantener un ritmo de desarrollo constante"*.

Esta versión y todas las versiones posteriores tienen la misma velocidad constante para la entrega. Es importante que su equipo encuentre una velocidad que puedan mantener para producir un producto funcional.

9. *"La atención al detalle técnico y al diseño mejora la agilidad"*.

Resistir el cambio, refinar constantemente el producto y mantener la velocidad de entrega es posible cuando el equipo es una combinación de excelente diseño y los mejores talentos.

10. *"Simplicidad"*

Cada entrega se centra en proporcionar la mejor función en ese momento, y nada "por encima y más allá". Esto permite un producto funcional que se puede agregar más adelante con más funciones si el tiempo lo permite.

11. *"Los equipos auto organizados fomentan las grandes arquitecturas, los requisitos y los diseños"*.

La entrega de productos valiosos proviene de equipos motivados y capacitados que pueden compartir conceptos, se corresponden a menudo, asumen su rol y pueden tomar sus propias decisiones.

12. *"Reflexiones regulares sobre cómo ser más efectivos"*.

Los equipos eficientes son el resultado de compartir técnicas útiles, oportunidades de avance de habilidades, procesos mejorados y la capacidad de superarse a sí mismos.

Un entorno Agile alinea las necesidades del negocio con el desarrollo. Cuando se implementa bien, el éxito es obvio. Los clientes son el enfoque principal de un proyecto Agile, alentándolos a participar y guiar el proceso de desarrollo. Debido a este enfoque, el proceso de gestión de proyectos Agile se ha convertido en un método de acceso en muchas industrias, especialmente el desarrollo de software.

Capítulo 2: ¿Qué es Scrum?

Según el instituto de gestión de procesos, Scrum es "un esquema de gestión de proyectos Agile diseñado para guiar a los equipos en la entrega iterativa e incremental de un producto". Es un enfoque pragmático para proyectos complejos para que los miembros del equipo puedan adaptarse rápidamente, con eficiencia y eficacia, al cambio. Al contrario de un enfoque tradicional, Scrum intenta gestionar los requisitos del proyecto a través de modificaciones en los costos y el tiempo. Para hacer esto, Scrum utiliza herramientas y actividades tales como cuadros de tiempo, atrasos, ciclos de retroalimentación y colaboración. Es un enfoque simple que involucra al cliente para garantizar que se crea el producto correcto.

Scrum fue introducido por primera vez en 1986 en Harvard Business Review por Ikujiro Nonaka y Hirotaka Takeuchi. El artículo, "El juego de desarrollo de nuevos productos", utilizó el rugby como ejemplo de un equipo auto organizado que brinda una innovación efectiva. Más tarde, los líderes de pensamiento Ken Schwaber, Mike Beedle y Jeff Sutherland, adaptaron los conceptos al desarrollo de software, incluso manteniendo la metáfora del rugby al integrar el término "Scrum" en la metodología. El concepto se aplicó por primera vez en 1993 y luego se publicó en 2002. Otro libro experimental se lanzó en 2004. Desde entonces, Scrum se ha utilizado en una variedad de industrias con éxito y admiración.

Scrum se puede reducir a tres componentes esenciales:

1. Metodología ligera
2. Entendido fácilmente
3. Difícil de integrar de manera efectiva

Dentro de un entorno Scrum, hay varios roles críticos. Estas funciones son asistir a eventos específicos, seguir ciertas reglas descritas y colaborar con los miembros del equipo. Si bien el concepto de Scrum es un esquema general que le permite incorporar técnicas y procesos inherentes a su empresa, el esquema está diseñado para que cada rol y evento tenga una cierta responsabilidad. Si se altera el esquema, se altera su oportunidad de éxito.

Los 3 pilares de Scrum

Esencialmente, un Scrum es un pequeño grupo de personas que permite una mayor adaptabilidad y flexibilidad. A veces hay varios equipos, mientras que otros proyectos requieren solo 1 grupo pequeño. Los grupos toman el conocimiento que tienen y se les da la oportunidad de decidir qué se debe hacer para completar la tarea. Dividir un proyecto más grande en tareas más pequeñas le permite al grupo abordar piezas probables y puede mitigar el riesgo. Hay tres pilares fundamentales de un esquema Scrum: transparencia, inspección, adaptación.

Transparencia

Las personas responsables del resultado del proyecto deben poder ver partes importantes del progreso. Para garantizar que todos comprendan lo que se muestra, se deben respetar definiciones o estándares específicos. Por ejemplo, cuando una tarea está completa, tanto los que realizan el trabajo como los que supervisan el trabajo deben estar de acuerdo con el aspecto "completo". Todos los grupos en el proyecto también deben usar la terminología común, de modo que no haya confusión sobre los acrónimos o las definiciones.

Inspección

A medida que el proyecto avanza hacia su finalización, se deben inspeccionar los artefactos con frecuencia para abordar cualquier inconsistencia adversa. Si bien la inspección debe realizarse con frecuencia, no debe interferir con la finalización del trabajo. Por ello, es un equilibrio delicado.

Adaptación

Cuando una inspección revela que hay una variable no deseada y hará que el proyecto o parte del proyecto sea inaceptable, el material o proceso necesita ser ajustado. Para asegurarse de que no interfiera con el cronograma o tenga un impacto significativo en el proyecto final, estas adaptaciones deben realizarse de inmediato. Para completar la inspección y la adaptación de manera efectiva, hay cuatro eventos esenciales: Scrum diario, planificación de sprint, revisión de sprint, retrospectiva de sprint.

Los 5 valores de Scrum

1. Compromiso
2. Coraje
3. Enfoque
4. Sinceridad
5. Respeto

Todo lo que se describe en un entorno Scrum, incluidos los miembros individuales del equipo, debe incorporar estos valores para que el proceso sea exitoso. Estos valores infunden confianza y empoderamiento. Cuanto más ponga la empresa de manifiesto estos valores, mayor será el éxito que experimentarán los equipos y los proyectos, lo que en última instancia llevará a clientes más felices y logros enérgicos.

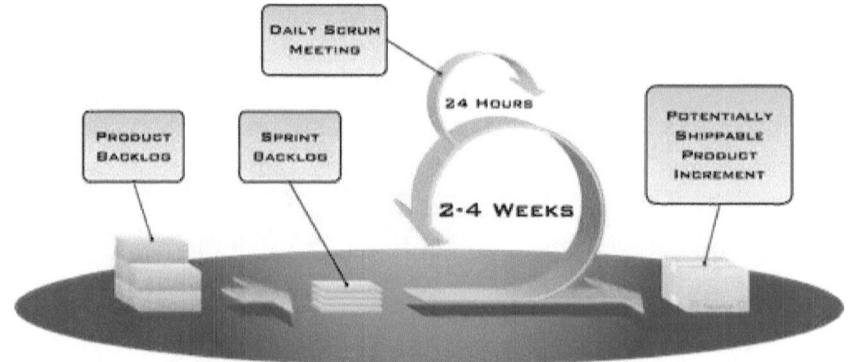

Mountain Goat Software, CC BY 2.5 <https://creativecommons.org/licenses/by/2.5>, via Wikimedia Commons
https://commons.wikimedia.org/wiki/File:Scrum_diagram_(labelled).png

Miembros del Equipo Scrum

Hay tres funciones principales en un equipo Scrum: Scrum master, equipo de desarrollo y dueño del producto. Cuando se forma un equipo, debe organizarse con el enfoque en la función cruzada. Nadie fuera del equipo puede dirigir al grupo sobre cómo completar mejor la tarea. Además, el equipo debe estar preparado para incluir todas las habilidades necesarias para completar el proyecto, de modo que no se requiera asistencia externa.

Dueño del producto

Esta función garantiza que el valor del producto sea el máximo que el equipo de desarrollo es capaz de proporcionar. Debido a que la cultura de cada empresa es diferente, el proceso de asegurarse de que el equipo de desarrollo esté produciendo un trabajo valioso puede variar de un lugar a otro. No importa cómo se gestione este proceso, esta función también debe ser el dueño de la cartera de productos.

La gestión de la cartera de productos incluye:
- Articulación distinta de los objetos de la cartera de productos.

- Ordenar los objetos de la cartera de productos para alcanzar objetivos y misiones.
- Elevar el valor del desempeño laboral del Equipo de Desarrollo.
- Confirmar que la cartera de productos es visible y transparente y que muestra la próxima tarea para el equipo Scrum.
- Verificar que el Equipo de Desarrollo comprenda los objetos en la cartera de productos.

Si bien el dueño del producto no puede cumplir directamente todos los puntos anteriores, todavía es responsable de ellos. Además, el dueño de un producto es una sola persona, no un grupo. Si alguien desea cambiar los elementos de la reserva, debe dirigirse al dueño del producto. El dueño del producto representa las necesidades del equipo. Sin embargo, sus decisiones son para mejorar el equipo y el proyecto en general, no para una persona individual. Para que esta función sea exitosa, todos en la empresa deben venerar su decisión. Ninguna otra persona, dentro o fuera del equipo de Scrum, puede exigir que el equipo de desarrollo haga otra cosa que no sean los requisitos de la cartera.

Equipo de desarrollo

Este es un grupo de personas que deben lanzar un producto completado al final de un sprint. Una iteración solo puede ser trabajada por miembros del Equipo de Desarrollo. Mientras que el dueño del producto supervisa la cartera de productos y trabaja para completarla, el equipo de desarrollo es responsable de organizar a su grupo para administrar mejor las tareas requeridas para el sprint. El hecho de poder ajustar su propia organización potencia la sinergia del grupo para lograr la máxima eficacia y eficiencia.

Un Equipo de Desarrollo incluye las siguientes características:

- Nadie le dice al Equipo de Desarrollo cómo organizar a sus miembros o acercarse al trabajo para el sprint.
- Las habilidades necesarias para completar las iteraciones son todas auto contenidas en el equipo, lo que significa que hay una

variedad de habilidades en el equipo a menudo de otros departamentos.

- Dentro del Equipo de Desarrollo, no hay roles o jerarquías. No importa qué trabajo se esté completando; cada miembro del equipo es considerado igual.
- Además, no hay equipos secundarios creados dentro del equipo de desarrollo, sin importar la función requerida, como pruebas u operaciones.
- El Equipo de Desarrollo es responsable del éxito de la entrega a pesar de que los miembros del equipo utilicen sus habilidades para proporcionar experiencia en una parte determinada.

Si bien no hay números establecidos para el tamaño de un Equipo de Desarrollo, cualquier grupo con menos de tres personas significa que hay ganancias o interacciones limitadas. Estos grupos pequeños tienen menos habilidades a su favor, lo que significa que los resultados pueden no ser los mejores. Los grupos con más de nueve personas consumen mucho tiempo para coordinar acciones y son mucho más complejos de lo que admite un entorno Scrum. Es ideal que un Equipo de Desarrollo se ajuste en algún punto entre estos números, sin incluir el Scrum Master y el Dueño del Producto, a menos que esos roles también estén produciendo trabajo sprint.

Scrum Master

Esta función es una guía de protección para el Equipo Scrum y para aquellos que están fuera del grupo. Supervisan la comunicación para garantizar que todos se correspondan correctamente con el equipo Scrum. Ayudan a los miembros del equipo interno y a los empleados externos a ajustar sus técnicas de comunicación, por lo que su aporte es el más valioso para el proyecto.

Asistencia al dueño del producto

- Asegura que los objetivos, el alcance y el proyecto sean claros para todos los miembros del Equipo Scrum.
- Identifica los métodos para una gestión exitosa de la cartera de productos.

- Asiste al Equipo Scrum con su comprensión de los objetos en la cartera de productos.
- Ayuda al dueño del producto a ordenar la cartera de productos para su mayor importancia.
- Proporciona un recurso visible y de conocimientos para la agilidad del equipo.
- Si es necesario, también actúa como un facilitador de eventos Scrum.

Asistencia al Equipo de Desarrollo.

- Entrena al equipo sobre cómo trabajar mejor entre departamentos y organizar sus habilidades.
- Ayuda al equipo en la creación de productos valiosos.
- Elimina las barreras que impiden el avance del equipo.
- Si es necesario, también actúa como un facilitador de eventos Scrum.

Asistencia a la empresa

- Entrena y lleva a la empresa a adoptar Scrum con éxito.
- Planifica la implementación de Scrum en la empresa.
- Ayuda a los empleados y partes interesadas a comprender e integrar Scrum en la empresa.
- Implementa cambios en los equipos de Scrum para mejorar la productividad.
- Trabajar junto con los otros Scrum Masters para mejorar la eficiencia de la adopción del Scrum en la empresa.

Eventos que ocurren en un entorno Scrum

El propósito de los eventos en una organización Scrum es regular la actividad y minimizar las reuniones innecesarias. Todos los eventos tienen una cantidad de tiempo predefinida, lo que significa que son "Time-Boxed". Una vez que comienza un sprint, el límite de tiempo se establece para el evento, y se sigue durante la duración del sprint. Eliminar cualquiera de los eventos significa sacrificar la transparencia y reducir la ocasión para la inspección y la adaptación.

Sprint

Este es el punto central para todas las operaciones de Scrum. El tiempo máximo de un sprint es de un mes. Una vez que se completa un sprint, el equipo debe producir una entrega funcional que se ajuste al proyecto en general. Cada incremento es la misma cantidad de tiempo hasta que se completa el proyecto. Una vez que termina un sprint, el siguiente comienza inmediatamente. El sprint consta de cinco partes: planificación, Scrums diarios, desarrollo, revisión del sprint y retrospectiva del sprint.

Ocasionalmente, un sprint debe cancelarse antes de la fecha de finalización. El propietario del producto es la única persona que puede cancelar el sprint, pero puede ser influenciado por otros, como el cliente, las partes interesadas, el equipo de desarrollo o el Scrum master. Una de las razones más comunes por las que se cancela un sprint es porque el objetivo del sprint ya no es reconocible. A veces, hay un cambio en el mercado o cliente que impacta negativamente a la meta. Una vez cancelada, la cartera es revisada para determinar los elementos prioritarios. Cualquier elemento incompleto relevante se agrega de nuevo a la lista, mientras que cualquier cosa completada se acepta o se rechaza. Este proceso puede ser costoso y angustioso para el equipo Scrum y debe evitarse de ser posible.

Planificación

El equipo Scrum debe reunirse para planear el próximo sprint. El tiempo máximo para una reunión de planificación es de ocho horas para un sprint de un mes. Si el sprint es más corto que un mes, la reunión de planificación también debe ser más corta. La reunión de planificación proporciona respuestas a las siguientes preguntas: "¿Qué se puede entregar durante el plazo de este sprint?" y "¿cómo se completará el trabajo?"

Scrum diario

Esta es una reunión de cinco minutos que se lleva a cabo diariamente por el equipo de desarrollo a la misma hora y lugar. Este es el momento para que el equipo planifique la actividad del próximo día y revise el progreso hacia la meta del sprint.

Revisión del Sprint

Cuando concluye un sprint, el equipo Scrum se reúne para revisar la entrega y volver a revisar el trabajo pendiente. El equipo de desarrollo explica lo que se completó durante el sprint y el proceso del sprint. El propósito de esta reunión es recopilar comentarios y fomentar el trabajo en equipo. El tiempo máximo asignado para esta reunión es de cuatro horas para un sprint de un mes y menos para sprints más cortos.

Retrospectiva del Sprint

Este es un momento para que el equipo de Scrum hable sobre cómo funcionaron como equipo. No habla del producto sino del proceso. El tiempo máximo asignado para esta reunión es de tres horas para un sprint de un mes. Idealmente, cuando se completa la retrospectiva, se identifican las mejoras procesables que se implementarán durante el próximo sprint.

Capítulo 3: ¿Por qué Scrum?

Desafortunadamente, no está solo si ha experimentado proyectos tardíos, productos de baja calidad o la incapacidad de satisfacer las necesidades de su cliente, sin importar cuánto lo haya intentado. La moral debilitada, la reputación teñida y la línea de fondo sufrida son todos los efectos secundarios de una mala entrega. Pero a pesar de estos resultados, muchas empresas todavía se abstienen de integrar un nuevo enfoque. Muchos piensan que solo porque funcionó para otra persona no significa que pueda adaptarse para satisfacer sus necesidades. Lo que no se dan cuenta es que los beneficios potenciales superan los riesgos. Cuando una empresa aplica concienzudamente los principios y procesos de Scrum a su negocio, la realidad puede ser considerablemente diferente. Algunos de los beneficios incluyen clientes satisfechos, RSI mejorado, costos reducidos, entregables rápidos, éxito con problemas complejos y más satisfacción general.

Para hacer felices a los clientes, el equipo Scrum ofrece lo que realmente quieren y necesitan. Ya no está limitado a las funciones que solicitan desde el principio cuando no comprenden completamente sus necesidades. Además, no pierden el tiempo en la planificación de un proyecto y no dejan espacio para los cambios inevitables.

Los siguientes dos beneficios sobre por qué debería elegir Scrum están conectados entre sí; RSI mejorado y menores costos. Su retorno sobre la inversión aumenta porque constantemente entrega productos funcionales con mayor rapidez. Durante este ritmo acelerado, se identifican los desperdicios y las disfunciones en su empresa. Reducir estos déficits a menudo reduce extremadamente los costos.

Las entregas rápidas son el resultado de los productos funcionales, probados y valiosos producidos al final de cada sprint. Incluso en entornos difíciles o con problemas complejos, Scrum ha demostrado ser exitoso. Si su empresa opera en un entorno altamente competitivo o se adapta a clientes o usuarios que cambian con frecuencia, o debe responder a las regulaciones de varias entidades o partes interesadas desafiantes, Scrum puede ser la mejor metodología Agile para usted.

La última razón por la que adoptar Scrum es la satisfacción general que logrará en el entorno de su empresa. Además, se encontrará con que sus empleados están más satisfechos con sus funciones en su organización. La satisfacción laboral puede no parecer uno de los beneficios más importantes de adoptar Scrum; sin embargo, hay beneficios financieros valiosos que están asociados con este efecto. A medida que las personas comienzan a disfrutar más de su trabajo, es más probable que permanezcan ejerciendo su función en su empresa. Cuando experimenta menos pérdidas en ventas, no necesita perder tiempo y recursos en la capacitación de nuevos empleados. Además, cuando sus empleados trabajan como un equipo satisfecho, son más innovadores y colaborativos. Tendrán la oportunidad de crear productos que no eran concebibles antes de la integración de Scrum.

Pictofigo, CC BY-SA 3.0 <https://creativecommons.org/licenses/by-sa/3.0>, via Wikimedia Commons https://commons.wikimedia.org/wiki/File:Pictofigo-Scrum.png

Si bien Scrum no es una solución mágica para todo, es muy probable que sea un gran beneficio para su empresa y el entorno de la cultura empresarial. Y con estos múltiples beneficios, está claro que el riesgo de integrar este "nuevo" enfoque es mucho menor que los beneficios potenciales que puede ofrecer. Pero si eso no fuera suficiente, aquí hay diez beneficios adicionales sobre por qué debería elegir Scrum:

10 beneficios innegables para elegir Scrum

1. Aumento de la Calidad

La razón de un proyecto es el objetivo final o la visión que se desea. Siguiendo un Scrum, el esquema significa que está constantemente buscando comentarios y transparencia para garantizar que el producto que se produce sea de alta calidad. La calidad se confirma:

- Creando una atmósfera de requisitos actualizados logrando expandirlos y definirlos justo antes de completarlos.

- Corrigiendo los problemas cuando surgen al principio del proceso de desarrollo al probar los resultados cada día e integrar constantemente los comentarios del propietario del producto.

- Mejorando constantemente los productos que se producen mediante la realización de reuniones con el equipo de desarrollo y las partes interesadas regularmente.

- Mejorando constantemente el proceso del equipo mediante la realización de reuniones con el equipo Scrum. Las áreas consideradas en la retrospectiva incluyen el entorno, las interacciones, las herramientas y los procesos.

- Entregando un producto funcional que satisfaga la documentación, integración, prueba y desarrollo del producto.

2. *Menos tiempo entre el pedido y el Mercado*

Se estima que los métodos tradicionales de gestión de proyectos duran hasta un 40% más que la metodología Scrum. Scrum logró reducir el periodo de tiempo al:

- Iniciar el proceso de desarrollo antes, eliminando el papeleo excesivo del método tradicional en cascada y permitiendo al equipo definir el proceso justo antes de comenzar a trabajar en lo que se va a entregar.

- Asignar prioridad a cada artículo, la más alta se completa primero para garantizar que el producto cumple con las necesidades básicas del cliente lo antes posible. Con esta mentalidad, el cliente puede presentar la primera versión del proyecto, mientras que los elementos de menor prioridad se crean e integran con el tiempo.

- Con la conclusión de cada sprint, el cliente ya ha recibido otro producto funcional que es necesario para sus necesidades actuales.

3. *Aumento del RSI*

Como se mencionó anteriormente, obtener un producto para el cliente en menos tiempo significa que usted obtiene un mejor retorno sobre la inversión. Otras razones para un RSI más alto incluyen:

- Comentarios constantes de las partes interesadas y de los clientes durante las revisiones del sprint, de modo que las desalineaciones se puedan detectar más pronto que tarde.

- Menos recursos desperdiciados gracias a las constantes pruebas y la automatización en el esquema.

- Un fallo cuesta menos para un sprint que para un proyecto completo. Si un sprint falla, el costo y el tiempo empleado son mínimos. También permite una corrección rápida para que el proyecto avance nuevamente para el cliente. En un entorno tradicional, el fracaso significa que el proyecto fracasó, y con él se pierden grandes sumas de dinero y tiempo.

4. *Satisfacción mejorada para el cliente.*

La felicidad del cliente es el compromiso principal de cualquier equipo Scrum. Esto es posible a través de:

- Comprometer e involucrar a los clientes durante todo el proyecto, y colaborar con ellos para garantizar que cada sprint satisfaga sus necesidades actuales.

- Designar un dueño de producto que conozca de manera experta los requisitos y necesidades del proyecto y del cliente.

- Actualizando y priorizando la cartera de productos regularmente, para que los cambios sean respondidos rápidamente.

- Resaltar el producto funcional para clientes y partes interesadas durante la revisión del Sprint.

- Proporcionar un producto funcional al cliente de forma rápida y frecuente, en lugar de revelarlo una vez al final del trabajo.

- Permitir que un cliente financie un proyecto gradualmente; no exigir enormes sumas iniciales como es común en un entorno de cascada.

5. *Aumento de la moral*

Las personas felices en sus puestos de trabajo conforman equipos y entornos felices. Poner el poder de toma de decisiones en manos de los equipos de desarrollo significa que los empleados pueden utilizar sus habilidades para innovar y crear las mejores formas posibles. Otros métodos dentro del esquema de Scrum para mejorar la moral incluyen:

- Organización del equipo de desarrollo para reflejar la personalidad y el estilo de trabajo del equipo.

- Toma de decisiones centradas en la vida personal y profesional del equipo.

- La desintegración de las barreras departamentales al alinear a los miembros técnicos y comerciales en un solo equipo.

- Protección contra la obstrucción externa al tener un Scrum Master dedicado a eliminar las barreras y explicar el proceso a los que están fuera del equipo, liberando al equipo de desarrollo para que funcione con su máxima capacidad en la tarea en cuestión.

- Desarrollo de un ritmo y proceso alcanzable que no se extienda demasiado a los miembros del equipo.

- Crecer y aprender unos de otros y la oportunidad de enseñar a otros en un equipo interdepartamental.

- La eliminación de títulos y rangos en un equipo Scrum significa que no hay comandantes ni controles, sino un organismo administrado internamente.

- Un entorno de apoyo y confianza que proporciona auto motivación y moral positiva.

- La falta de comunicación se minimiza con el énfasis puesto en las interacciones cara a cara.

- La colaboración en el desarrollo de las reglas de Scrum significa que cada miembro del equipo tiene una opinión sobre cómo se aborda el trabajo.

6. *Propiedad y colaboración mejoradas*

Se producen resultados increíbles cuando un equipo Scrum acepta su responsabilidad por los productos finales y los proyectos que los llevaron allí. La propiedad se produce cuando:

- La colaboración diaria se produce entre Scrum Master, el dueño del producto y el equipo de desarrollo.

- Las necesidades actuales de los clientes son la base del próximo sprint del equipo de desarrollo, que se organiza durante la planificación del sprint.

- Los impedimentos, el plan de trabajo de los días actuales y las piezas completadas anteriormente se discuten durante el Scrum diario.

- La demostración del producto al cliente por parte del equipo de desarrollo y la prioridad asignada a cada función por el dueño del producto se explican durante la revisión del sprint.

- Cada miembro del equipo Scrum expresa su opinión sobre el trabajo del sprint anterior y ofrece sugerencias para mejorar sus procesos durante la retrospectiva del sprint.

- Las decisiones están determinadas por el acuerdo del grupo en lugar de una jerarquía.

7. *Las medidas son más relevantes*

Las medidas para un proyecto más tradicional con respecto a las decisiones tomadas para el proyecto, la medición del desempeño del proyecto y las estimaciones de costo y tiempo tienden a ser menos precisas y relevantes que las de un equipo Scrum. Las razones por las cuales las medidas Scrum son aplicables son:

- Solo aquellos que trabajan en los productos proporcionan el tiempo estimado para el requisito.

- La capacidad y el rendimiento del equipo son lo que se utiliza para establecer el presupuesto y el calendario para la finalización del proyecto.

- La capacidad y el conocimiento del equipo son lo que se utiliza para crear una estimación personalizada en lugar del enfoque tradicional de días u horas asignadas.

- La transparencia del progreso hacia la meta del sprint es una actualización diaria que requiere menos de un minuto de tiempo por parte de los miembros del equipo de desarrollo.

- El dueño del producto puede determinar fácilmente el valor de un proyecto al final de cada sprint en lugar de esperar hasta el final del proyecto en general.

8. *Mejora en la exposición y la visibilidad del progreso*

Si alguien en el equipo quiere saber el estado del proyecto, puede ver fácilmente el progreso en cualquier momento. Esta transparencia significa que el equipo puede captar un problema rápidamente y predecir lo que sucederá a medida que el equipo continúe trabajando hacia la meta. La visibilidad es creada por:

- Un énfasis en la comunicación honesta y abierta dentro del equipo y todos los demás interesados en el proyecto.

- Los impedimentos y el progreso se comparten diariamente durante el Scrum diario.

- La organización interna y la puesta en marcha para abordar las tareas de mayor prioridad se establecen cada día durante el Scrum diario que se lleva a cabo alrededor del panel de tareas.

- El progreso de cada sprint se puede rastrear fácilmente y visualmente a través de los paneles de tareas, diagramas de quemados y durante las reuniones de Scrum diarias.

- Los miembros del equipo desarrollan planes de mejora de procesos después de cada sprint durante la retrospectiva del sprint.

9. *Mejora en el control sobre el proyecto*

Un equipo Scrum disfruta de la oportunidad de controlar el rendimiento y de corregir lo que se requiere. Este control se crea a través de:

- Ajustes a la prioridad de los elementos de la cartera de productos después de cada sprint en lugar de a intervalos predefinidos.

- Las interferencias externas, como la demanda cambiante, pueden integrarse en el proyecto debido al enfoque en la incorporación del cambio.

- Para cumplir un requisito o hacer un aporte de ideas sobre un problema, todos en el equipo pueden decidir qué deben hacer para tener éxito cada día durante el Scrum diario.

- Comunicación durante las revisiones de sprint y retrospectivas para que el equipo pueda ajustarse a los comentarios y procesos según sea necesario.

10. Riesgo minimizado

Eliminar el riesgo de que no se produzca un RSI es posible en un entorno Scrum debido a la mitigación de la pérdida de tiempo y dinero durante un sprint en lugar de permitir que un proyecto falle por completo, como solía pasar en un entorno tradicional. Otros métodos para reducir el riesgo incluyen:

- Completar los artículos de alto riesgo primero.

- Completar las tareas a través de cortos sprints para mostrar si el proyecto fallará o para refinar el proceso para una entrega más rápida.

- Centrarse en crear un producto funcional después del inicio del sprint, de modo que no importa qué, el cliente pueda recibir un producto valorable de inmediato.

- Comentarios sobre productos y procesos que a menudo ocurren a lo largo del proyecto Scrum.

Capítulo 4: Tres artefactos Scrum: cartera de productos, cartera de Sprint e incremento de productos

Uno de los términos relacionados con Scrum es un "artefacto" de Scrum. Un artefacto en un entorno Scrum significa el valor o el trabajo necesario para ofrecer transparencia, inspección y adaptación. Estos se utilizan para garantizar que todos los miembros del equipo y las partes interesadas, incluido el cliente, tengan clara la información que se presenta. Los artefactos incluyen la cartera del producto, la cartera del sprint y el incremento del producto.

Cartera de productos

Cuando se asigna el proyecto, se crea la cartera para enumerar todas las necesidades conocidas en orden. Este es el único lugar para identificar y cambiar los requisitos para el proyecto. Solo el dueño del producto puede ordenar o cambiar la cartera de productos, ya que son los únicos responsables de su integridad. Esta lista nunca se completa porque, al comienzo, se acepta que aún no se conocen todos los factores. Como el entorno donde operará el producto o el desarrollo del producto en sí, también se debe desarrollar la cartera de productos. Esta es una lista dinámica que refleja las necesidades actuales para garantizar que el proyecto resultante sea útil, competitivo y apropiado. Siempre que exista un producto existirá una cartera en el esquema Scrum.

Las versiones futuras del producto tienen una cartera que contiene todas las correcciones, mejoras, requisitos, funciones y características que deben ocurrir. Cada elemento de la cartera contiene la siguiente información:

- Descripción
- Orden
- Estimado
- Valor
- Las descripciones de las pruebas también suelen incluirse para ayudar al equipo a reconocer cuándo se completa el artículo.

La lista crece y aumenta con los comentarios recibidos del mercado después de que el producto se lanza y se expande en valor. Esto se considera un documento vivo porque hay requisitos constantemente cambiantes. Los cambios en el retraso se producen por cambios en la tecnología, las condiciones del mercado o los requisitos del negocio. Para proyectos más complejos, no es raro tener varios equipos Scrum trabajando en proyectos al mismo tiempo. Cuando este es el caso, todavía hay solo una cartera de productos en uso para describir la mano de obra futura requerida para el producto en general. Para estos proyectos más complejos, las agrupaciones en la cartera pueden usarse para ayudar a administrar los requisitos.

Refinar la cartera, significa que cambia el orden de los requisitos, modifica las estimaciones o agrega detalles. Este refinamiento es nuevamente un procedimiento continuo. El equipo de desarrollo y el dueño del producto deben colaborar en estos detalles a menudo. El marco de tiempo de refinamiento puede variar de un equipo a otro, pero el equipo Scrum debe predeterminarlo antes de comenzar el proyecto, y no puede ocupar más del 10% del tiempo del equipo de desarrollo dedicado al sprint. Si bien es ideal que el equipo colabore para ajustar la cartera, ya que es responsabilidad exclusiva del dueño del producto, es posible que el dueño del producto ajuste la cartera de productos a su voluntad.

Cuando se asigna prioridad a los elementos de la cartera, los elementos de mayor prioridad generalmente contienen la información más detallada. Se dan estimaciones más precisas con lucidez y detalle. La idea es definir un elemento que estará en el próximo sprint para que pueda realizarse razonablemente dentro del período de tiempo asignado al siguiente sprint. Esos se marcan finalmente como "listos" para un sprint. Las personas que completan el trabajo, o el equipo de desarrollo, son los que definen la estimación. El dueño del producto puede ofrecer sugerencias o persuasión, pero la última palabra es responsabilidad del equipo de desarrollo.

Cuando se desee, estará disponible la suma del trabajo restante necesario para completar el objetivo del sprint. Es responsabilidad del dueño del producto supervisar el trabajo restante requerido. Esto se puede hacer todos los días, pero se debe hacer al menos durante cada revisión del sprint. El dueño del producto compara el trabajo completado con el trabajo que queda por hacer para determinar el progreso y el tiempo restante para completar el producto en general. Cuando el dueño del producto hace esto, la información se muestra para que todas las personas la puedan ver.

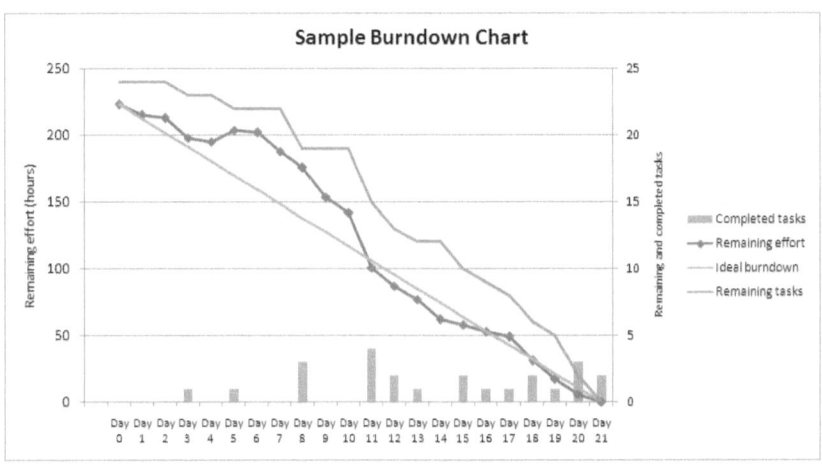
https://commons.wikimedia.org/wiki/File:SampleBurndownChart.png

Un proyecto quemado es una herramienta que se utiliza para mostrar información al equipo. Otras herramientas incluyen el flujo acumulativo o la quema. Es fundamental recordar que el empirismo es más importante que cualquier herramienta de "pronóstico" porque el futuro es imprevisto. El pasado es lo que puede ayudar a guiar las acciones para el futuro, pero sus acciones deben ser adaptables a los cambios que se producirán.

Historias de usuarios

Al desarrollar su cartera de productos, desarrollará "historias de usuario". Estos son detalles simples sobre una característica de parte del cliente que desea el requisito. La fórmula común para una historia de usuario es:

"Como un (USER), quiero (GOAL) para que (REASON)."

Un ejemplo de una historia de usuario incluye: "Como usuario de administración de clientes, quiero registrar a múltiples clientes en una clase para que se invierta menos tiempo en ingresar datos repetitivos". Estas historias a menudo se limitan a una pequeña nota (post-it) y se colocan en una muro de discusión.

Una historia de usuario puede eliminarse de dos maneras: insertando "condiciones de satisfacción" o cortándola en historias más pequeñas. Las historias más pequeñas a menudo contienen más detalles que el hecho de intentar encajar más detalles en una sola historia. Una "condición para la satisfacción" significa que hay una prueba asignada para asegurarse de que cumple con las expectativas.

El dueño del producto debe asegurarse de que las historias de los usuarios estén escritas, pero no son los únicos que pueden escribir estas historias. Cualquier persona en el equipo o parte interesada puede contribuir. Recuerde que no importa quién escribe la historia del usuario. Es más importante que cada persona participe en el debate. Esta discusión es la parte más importante del proceso. Si bien este tiempo de "narración de cuentos" generalmente ocurre durante una reunión formal al comienzo de un proyecto, las historias pueden borrarse, dividirse o agregarse durante la vida del proyecto por cualquier miembro del equipo.

Cartera del Sprint

Cuando los elementos están marcados como "listos" para un sprint, los elegidos para completar se agrupan en una cartera de Sprint. Además de agregarlos a una lista de sprint, se describe un plan de entrega para el incremento del producto y el objetivo del sprint. Este es un documento de pronóstico que detalla el trabajo en el sprint y la expectativa de entrega cuando se completa cada elemento. El equipo de desarrollo siempre tiene acceso a este registro para que pueda mantenerse enfocado en cumplir el objetivo. Si bien los elementos de alta prioridad a menudo se abordan primero a partir de un registro de productos, un registro de sprint puede constar de al menos un elemento de alta prioridad y una serie de tareas de menor prioridad. Esto le permite al equipo de desarrollo la oportunidad de centrarse en una tarea de alta prioridad como se identificó durante la última revisión del sprint, produciendo un producto valorable si todo lo que se logró fue el de alta prioridad.

El equipo de desarrollo es responsable de la cartera de sprint. Se espera que cambie todos los días durante el Scrum diario. A medida que avanza el sprint, la cartera de sprint evoluciona gracias al mayor conocimiento del equipo a medida que avanzan en el desarrollo del producto. Teniendo en cuenta el objetivo del sprint, el equipo puede ajustar la cartera de sprint, ya que necesitan entregar el producto al cliente dentro del plazo.

La cartera sprint crece a medida que el equipo de desarrollo agrega el trabajo recientemente requerido a la lista. La estimación del trabajo restante se actualiza a medida que se completa otro trabajo. Si se determina que un elemento no es necesario para el objetivo de sprint, se elimina de la cartera. Cuando el sprint está en progreso, solo el equipo de desarrollo puede ajustar la cartera de sprint. Es una imagen para cualquier persona interesada en el proyecto sobre lo que el equipo está trabajando, ha completado o planea lograr. Es posible resumir la cartera de sprint, de forma similar a la cartera de productos. El equipo de desarrollo puede monitorear el trabajo restante durante cada Scrum diario para determinar la capacidad del equipo y lograr la meta del sprint. Además, es una forma para que el equipo dirija su desarrollo.

Incremento del producto

Los valores anteriores del sprint y el total de los elementos de la cartera de productos que se completaron durante el último sprint determinan el incremento del producto. Un nuevo incremento de producto debe completarse al concluir un sprint. Para completarse o "hacerse", el incremento del producto debe ser funcional y cumplir con la definición de "completo" del equipo. Un incremento de producto es un grupo de trabajo completado que se puede revisar y mantener el pragmatismo al concluir el sprint. Es otro avance hacia la meta del proyecto. A veces, el dueño del producto elegirá no liberar el incremento del producto; sin embargo, se requiere que aún sea una pieza de trabajo del proyecto.

Nghungdo, CC BY-SA 4.0 <https://creativecommons.org/licenses/by-sa/4.0>, via Wikimedia Commons
https://commons.wikimedia.org/wiki/File:H%E1%BB%8Dp_nh%C3%B3m_scrum_h%C3%A0ng_ng%C3%A0y.jpg

Transparencia de un artefacto

La transparencia es un componente crítico para una organización Scrum exitosa. Se toman decisiones sobre el proyecto general basado en los artefactos y, por lo tanto, deben ser precisos y transparentes en todo momento. De lo contrario, las decisiones tomadas pueden ser inexactas, invaluables y un mayor riesgo. La colaboración de Scrum Master, el dueño del producto, el equipo de desarrollo y las partes interesadas determinan la precisión y la transparencia de cada artefacto. El rol del Scrum Master es responsable de ayudar a todos los miembros del equipo a practicar técnicas de transparencia apropiadas para su función. Un Scrum Master experto puede encontrar una transparencia incompleta al revisar los artefactos con frecuencia, buscar patrones, al escuchar las reuniones y encontrar una diferencia entre el resultado y la expectativa. Para mejorar la transparencia, el Scrum Master debe enseñar, convencer y ayudar a cambiar la cultura. No es una adopción repentina y es uno de los ajustes más desafiantes para el Scrum, pero es vital para su éxito.

Su definición de "completo"

Un elemento "completado" o "terminado" de la cartera de productos o el incremento del producto significa que cumple con la definición de "completo" que su equipo ha acordado. Cada equipo Scrum puede tener una definición diferente a la otra, pero no importa cómo se defina, cada miembro del equipo debe tener claro qué constituye un elemento "hecho". Esto es importante para la transparencia y la precisión. Al comenzar un entorno Scrum, esta definición puede determinarse de manera más general; sin embargo, a medida que su entorno madura, también debería hacerlo su definición de "completo". Su evolución debería ser más estricta para mejorar la calidad del producto.

Algunas veces, para proyectos más grandes, los equipos Scrum deberán unirse para determinar la definición mutuamente aceptable de "completo". Esto puede ser un desafío si su empresa no tiene definido un estándar que funcione como la expectativa mínima. Si espera manejar proyectos múltiples y complejos, puede valer la pena proporcionar una definición general como guía para sus equipos, de modo que tengan un lugar para comenzar a determinar la mejor definición para el proyecto en cuestión.

Capítulo 5: El ciclo del sprint

Image by Rosenfeld Media https://creativecommons.org/licenses/by/2.0/
https://www.flickr.com/photos/rosenfeldmedia/35473617040

En pocas palabras, un sprint es parte del ciclo repetitivo del proyecto Scrum. Refina el proceso de desarrollo cada vez que una iteración completa recibe comentarios del cliente y otras partes interesadas hasta que se realiza el proyecto final. Un sprint es también un ciclo autónomo. Sigue el mismo proceso cada vez hasta que se completa el proyecto final. Los pasos de Sprint son básicamente, planificación del Sprint, Scrums diarios, revisión del Sprint y retrospectiva del Sprint. Una vez que finaliza un sprint, el siguiente comienza hasta que se complete el catálogo de productos o el cliente esté satisfecho con la entrega. Las historias o los requisitos de los usuarios se crean, evalúan, asimilan y aceptan con cada sprint una y otra vez.

El progreso se realiza después de cada Sprint cuando el equipo Scrum se adapta y responde al cambio, enseñándoles nuevas habilidades y conocimientos a lo largo del camino. Debido a que los Scrum cambian y son inevitables, adaptar el proyecto en el camino no es un fracaso sino un crecimiento. La adaptación al cambio es simple en un Scrum porque cuando se termina un sprint, se completa una iteración del producto. De esta manera, cuando el equipo ingresa al próximo sprint, tienen nuevos requerimientos para trabajar en la cartera de productos. Si bien el equipo puede reconocer un nuevo elemento en la cartera de productos, el elemento podría haber sido agregado al registro justo antes de que lo recibieran o al inicio del proyecto. Esto se debe a que los artículos se agregan y se priorizan por el valor que pueden entregar al cliente, no por antigüedad.

Consejo para un ciclo de sprint exitoso:

Un horario biorrítmico y esperado para una semana laboral es de lunes a viernes. Incluso si se planea un sprint de dos a cuatro semanas, el descanso de fin de semana permite a los miembros del equipo descomprimir y equilibrar su trabajo y su vida. Ajustar una semana laboral a algo menos natural, como de jueves a miércoles, puede alterar la vida y los ritmos de los miembros de su equipo. Esta interrupción debe evitarse para que puedan experimentar el equilibrio y la armonía, ayudándolos a sentirse más motivados y satisfechos con su función.

Si su equipo Scrum no puede encontrarse entre sí en la misma ubicación, y cuando las grandes zonas horarias separan a los miembros del equipo, es vital para usted determinar las formas en que los miembros del equipo pueden asistir a cada reunión para los sprints. A veces, las reuniones deben celebrarse tarde por la noche para un grupo, por lo que es temprano en la mañana del día siguiente. Por ejemplo, algunos equipos han tenido éxito en la celebración de un Scrum diario a partir del domingo por la noche, por lo que es el lunes por la mañana en la otra ubicación. Luego, para el siguiente sprint, el equipo offshore lleva a cabo sus reuniones en la noche para que los otros miembros del equipo puedan dirigir las reuniones por la mañana. La revisión del sprint y la retrospectiva del sprint también se pueden llevar a cabo temprano el viernes por la mañana para que el equipo de otro país pueda unirse por la noche del viernes. Una rotación permitirá a cada equipo trabajar el domingo por la noche o el viernes por la noche, pero es de esperar que ambos se acomoden de manera uniforme.

Sprints lineales

Ocasionalmente, un sprint puede progresar sin retroalimentación o actualizaciones a la cartera de productos. Esto significa que no hay cambios aceptados para modificar el proyecto. Esto solo ocurre cuando un equipo confía en el resultado final y en cómo lograrlo. La mayoría de las veces, estos sprints son para pequeñas actualizaciones de la cartera de productos. Cualquier mantenimiento también se puede completar en un sprint lineal. Este no es un plan inteligente para nuevas características o nuevos productos que requieren que el equipo descubra las necesidades de los usuarios.

Ciclo de Sprint

Un sprint significa que el equipo puede experimentar y aprender durante el proceso de creación para descubrir los mejores métodos para desarrollar un producto. La retroalimentación permite que el proyecto evolucione continuamente dando como resultado un producto valioso. Tres pasos se repiten constantemente durante un ciclo de sprint: planificación, recopilación y análisis.

1. Planificación del objetivo del sprint y el incremento de la creación del producto

El paso principal en el ciclo de sprint requiere que el dueño del producto y el equipo de desarrollo determinen el objetivo del sprint, por lo que describe el razonamiento del sprint y el resultado esperado. Si este sprint está al inicio del proyecto, el objetivo a menudo se centra en evaluar las expectativas críticas y recopilar la información necesaria. Estas expectativas o suposiciones incluyen las interacciones del usuario, la función del producto, las imágenes del incremento, la tecnología y la arquitectura.

Después de crear el objetivo, se describe el incremento del producto. A veces, el incremento del producto es desechable o liberable. Los prototipos son buenos objetivos de sprint cuando el equipo debe evaluar la interacción de los usuarios para evaluar una idea sobre la interfaz. Por ejemplo, los prototipos desechables pueden responder a las siguientes preguntas: "¿Tomará acción un usuario antes de interactuar con las características principales?" O "¿se conecta la elección de color con la audiencia destinada?" Otras razones para un prototipo incluyen la creación de una prueba para una próxima pieza del producto.

2. La recopilación de datos y comentarios de la finalización del incremento de sprint y el producto

La siguiente parte del ciclo ocurre cuando las partes interesadas tienen acceso al incremento del producto y tienen la oportunidad de dar su opinión al equipo. Normalmente, esto se completa cuando finaliza el sprint, y el equipo está realizando la revisión del sprint. A veces, el producto puede probarse antes de la revisión para asegurarse de que funciona correctamente y recopilar datos relevantes para ajustar la cartera del producto si es necesario. Los equipos más exitosos utilizan pruebas múltiples y recopilan información cuantitativa y cualitativa.

3. Análisis del sprint y el incremento de un producto fabricado

La sección final del ciclo de sprint es cuando el equipo toma la información obtenida durante la segunda parte y la analiza. El equipo se toma el tiempo para comprender la información y rechazar todo lo que sea irrelevante para el proyecto final o el sprint. Este proceso es lo que alerta al equipo si están produciendo o no un producto valorable para el cliente. El cliente y las partes interesadas a menudo son parte del proceso de análisis; sin embargo, no es necesario tomar en cuenta toda la información y las sugerencias presentadas durante este paso para el proyecto Scrum. También es importante reconocer el valor tanto en la retroalimentación negativa como en la positiva. Cuando los comentarios son tanto negativos como positivos, tiene la oportunidad de hacer preguntas más completas a las personas relevantes.

Cuando se completa el análisis, es común que el equipo aplique la nueva información para ajustar la cartera de productos. A veces, los cambios son pequeños, mientras que otras veces pueden ser muy grandes. Cuando comienza un proyecto por primera vez, el análisis a menudo resulta en cambios importantes en la cartera de productos. Después de abordar los supuestos principales y los riesgos críticos, la mayoría de los cambios son ajustes más pequeños.

Este proceso circular se repite una y otra vez hasta que el proyecto final se presenta al cliente o hasta que el cliente está satisfecho con los resultados que se encuentran dentro de su presupuesto. Seguir este proceso incremental y proporcionar incrementos de productos a su cliente a menudo mejora la probabilidad de su éxito y el valor del producto para su cliente feliz.

Capítulo 6: Estimación Scrum

Estimar el tiempo para completar un proyecto no es una tarea fácil. Históricamente, los proyectos se midieron en términos de horas, o más específicamente las horas de trabajo que el equipo calcula que serán necesarias para completar las tareas. El enfoque significó que el equipo determina la cantidad de trabajo que una sola persona podría terminar en 60 minutos. Está claro por qué este método es tan popular, pero hay problemas serios con la práctica: la estimación precisa de ciertas tareas puede ser un desafío. Las estimaciones no válidas ocurren cuando alguien más completa una tarea que es estimada por un miembro del equipo porque existe inherentemente una variación en la habilidad y la experiencia entre los miembros, y el resultado más positivo es con frecuencia la medición en la que se basan todas las estimaciones, lo que significa que los obstáculos a menudo se subestiman. Estos son problemas serios que eliminan el valor del proceso más que los beneficios que podría proporcionar. Es por esto que varios y más avanzados entornos Scrum están adoptando los puntos de historia.

Los beneficios del uso puntos de historia por encima de las horas

1. El miembro que calcula el trabajo no se mide bajo las experiencias y habilidades propias o ajenas.

El miembro del equipo que calcula el tiempo para un sprint o un proyecto no es siempre la persona que realiza las tareas. Para evitar este escollo, solo permita que el miembro que completa la tarea haga el cálculo. Los puntos de historia eliminan este riesgo al crear un sistema de medición que se aplica a todo el equipo. No depende de la persona que está ejecutando la historia. El equipo Scrum se une para determinar los puntos de la historia para la estimación a través de la comunicación abierta. Durante esta conversación, todo el grupo ha presentado la magnitud y la dificultad de la historia. Este es el principal beneficio de usar puntos de historia por encima de las horas de trabajo.

2. Los miembros pueden medir la velocidad.

La velocidad es un beneficio poderoso para hacer los cálculos con puntos de historia. La velocidad es "un método poderoso de planificación de la capacidad que demuestra la cantidad de trabajo de la cartera de producto que el equipo de desarrollo puede manejar con éxito en un sprint". El objetivo es aumentar la velocidad. Durante la retrospectiva del sprint, el equipo debe unirse para colaborar en la forma en que puedan lograr una mayor velocidad. El aumento de la eficiencia y la finalización más rápida de la tarea son los resultados de una mayor velocidad. El desafío con la velocidad es que fluctúa durante la vida útil de un proyecto. Aunque esto ocurre con frecuencia, el equipo no necesita tomarse el tiempo para volver a calcular como lo requiere la forma tradicional de la hora de trabajo.

3. La flexibilidad se integra en el proceso al eliminar la necesidad de volver a calcular.

Como se mencionó en el punto anterior, los cálculos de las horas de trabajo deben volver a evaluarse cuando se produce un cambio. Este no es el caso con la velocidad y los puntos de la historia. Aún necesita ajustar la fecha de lanzamiento que se planeó, pero todas las tareas no necesitan nuevas estimaciones si la velocidad cambia. Esto se debe a que los puntos de la historia anticipan que esta velocidad aumentará y disminuirá durante la duración del proyecto.

Ejemplo de punto de historia # 1

Su compañía está a punto de comenzar un proyecto que requiere 300 puntos de historia. Un solo miembro del equipo de desarrollo tarda tres horas para completar un punto de historia. El inicio del proyecto está programado para el 30 de julio. Con esta información, puede determinar dos cosas: la duración requerida para completar el proyecto y la cantidad de días hábiles.

Fórmula para encontrar la duración requerida para completar el proyecto

$$T = Qsp \times t$$

- T = Cantidad total de tiempo en horas para completar todos los puntos de la historia
- Qsp = Número total de puntos de historia en el proyecto
- t = Tiempo requerido para completar un solo punto de historia

$$300 \times 3 = 900 \text{ Horas}$$

Fórmula para encontrar el número de días laborables para completar el proyecto

$$Nw = T / Prt$$

- Nw = Cantidad de días laborables
- T = Cantidad total de tiempo en horas para completar todos los puntos de la historia
- Prt = Cantidad de horas que un miembro del equipo puede ser productivo en un solo día (generalmente estimado en seis horas)

$$900 / 6 = 150 \text{ días laborables}$$

Con esta información y un calendario, su equipo puede establecer la fecha de finalización prevista del proyecto como el 14 de diciembre. Si la velocidad aumenta, se puede insertar la nueva "t" para volver a estimar el número de días laborables y la fecha de finalización esperada.

Ejemplo de punto de historia # 2

Su compañía está a punto de comenzar un proyecto que requiere 200 puntos de historia. El equipo de desarrollo completo generalmente logra 20 puntos de historia en un solo sprint. El sprint individual tiene un límite de tiempo de dos semanas, y la fecha de inicio está programada para el 30 de junio. Con esta información, puede determinar: la duración requerida para completar el proyecto en semanas.

$$T = N_s \times t$$

- T = Tiempo promedio de finalización del proyecto completo
- N_s = Cantidad total de sprints del proyecto
- t = Tiempo requerido para un solo sprint

$$(200 / 20) \times 2 = 20 \text{ semanas}$$

Esto significa que la fecha de lanzamiento prevista es el 8 de octubre.

Cuando la velocidad cambia y ahora el equipo puede completar 60 puntos de historia en un solo sprint, se puede revisar la ecuación para encontrar la nueva fecha de finalización. Usando estas simples ecuaciones, el dueño del producto puede descubrir rápidamente una fecha de finalización más precisa después de que suceda cualquier cambio en el equipo.

Esto también permite que el dueño del producto convierta un punto de la historia en una porción tangible de tiempo para que todo el proceso se pueda monitorear y ajustar si es necesario.

Como puede ver podemos convertir los puntos de historia abstractos en días más comprensibles sin ningún problema. Supervisamos todo el proceso de desarrollo y podemos cambiarlo en cualquier etapa de ser necesario.

Los errores más comunes al usar los puntos de historia

Un punto de historia se refiere al esfuerzo requerido para completar un elemento de la cartera de productos. Un único punto de la historia a menudo tiene una cantidad tangible de tiempo asociado que va desde medio día hasta dos días. Al inicio de un proyecto, este tiempo es desconocido, pero se puede estimar con mayor precisión después de unos pocos sprints. Hay errores frecuentes que los equipos cometen cuando utilizan puntos de historia en lugar de horas de trabajo. A continuación se muestran los 12 más comunes y sugerencias sobre cómo evitarlos.

1. En lugar del esfuerzo, un punto de historia se equipara a valor, incertidumbre o complejidad.

No es raro que un elemento de la cartera de productos sea complejo, sino que solo requiera una pequeña cantidad de tiempo para completar y viceversa. Por esta razón, no es efectivo asignar un número de puntos de historia a un elemento en función de la complejidad. La incertidumbre también es una equivalencia ineficaz porque es, simplemente, incierta. No hay manera de decidir qué tan incierto es un elemento sobre otro. Además, el valor no se asocia con un punto de historia porque algo que no es una prioridad alta no requiere más o menos tiempo que otro elemento simplemente porque es una prioridad más baja. En cambio, el esfuerzo necesario para ofrecer una función de trabajo es cómo se decide un punto de la historia.

2. Los Puntos de Historia se convierten en horas de trabajo.

El cálculo comparativo tiene el beneficio de la velocidad, pero cuando se cambia a horas de trabajo, se pierde esta ventaja. Cuando esto sucede, los nuevos equipos Scrum a menudo se enfocarán en las horas en lugar de en los resultados. Los miembros del equipo comienzan a medir su capacidad en términos de tiempo en lugar de resultados. Para el dueño de un producto, el saber las horas necesarias para poder completar un punto de historia es beneficioso para determinar la fecha de finalización; sin embargo, puede llevar negativamente a su equipo por un camino de producción sesgado.

3. Los puntos de la historia se promedian.

Durante una reunión de planificación de sprint, un equipo no siempre estará de acuerdo con un cálculo de punto de historia para un elemento de la cartera de productos. Cuando esto ocurre, el dueño del producto a veces sugiere erróneamente promediar los números para determinar la estimación. Por ejemplo, si algunos miembros del equipo piensan que un elemento tomará seis puntos de historia mientras que otros piensan que cuatro, el equipo acuerda un compromiso de cinco puntos de historia. Hacer esto crea una sensación de precisión fabricada. Un punto de la historia no pretende ser una representación extremadamente precisa, sino una aproximación que permite al equipo planificar su proyecto. El tiempo perdido en comprometerse se puede invertir mejor en una discusión más productiva durante la reunión de planificación. Cuando todo lo demás falla, considere elegir el número más grande.

4. Mientras está comprometido con el sprint, su equipo ajusta los puntos de la historia debido a los problemas que han surgido.

A veces, surge un problema para un elemento de la cartera de productos que no se anticipó. Esto puede hacer que el cálculo del punto de la historia sea incorrecto. Eso está bien. No es necesario modificar el cálculo, solo realice un seguimiento del esfuerzo para aumentar la velocidad total del sprint.

5. Los errores son otras ocurrencias comunes pero no reciben puntos de historia.

Los puntos de historia deben aplicarse a los errores, especialmente si no están relacionados con el sprint actual. Un error es algo que su equipo debe abordar. Si es posible, es un buen plan permitir una cierta cantidad tiempo durante cada carrera para abordar los errores.

Si hace esto, no necesita asignar puntos de historia a los errores. Además, si el error está conectado al sprint actual, no debería recibir puntos de historia porque es una acción relacionada con el primer cálculo.

6. Las tareas pequeñas reciben puntos de historia adicionales.

Algunas veces, será necesario revisar algo pequeño, y eso requerirá un poco de tiempo. Si este es el caso de algo que surge durante el sprint, considere la opción de cronometrarlo en su lugar. A veces, dedicar unas pocas horas para revisar un concepto es todo lo que se necesita y no es necesario tener un valor de punto de historia asignado.

7. Cada sprint tiene una nueva referencia de artículo de la cartera de productos.

El uso de la misma referencia de artículo en la cartera de productos significa que la velocidad para cada sprint es comparable a la siguiente. Ajustar la referencia significa que esta información es irrelevante. Ahora la información es inútil para determinar el plan futuro. En su lugar, use varios de los artículos de la cartera de productos anteriores como referencia desde el principio

8. Si algún problema no está resuelto, el punto de la historia se modifica.

Si un artículo no se termina como se planeó durante un sprint, deberá moverse a otro sprint. Cuando esto sucede, algunos equipos pasan el tiempo ajustando los puntos de la historia. El cálculo original puede haber sido inexacto; sin embargo, el resultado importante de esta situación es que el equipo ahora sabe cuánto queda para completar el elemento. Esta información se agrega a los datos colectivos con respecto a la velocidad para el proyecto en general.

9. Crear una estimación de punto de historia asumiendo que un determinado miembro del equipo trabajará en el artículo.

Un punto de historia no se asigna a un artículo en función de la experiencia o habilidad de un determinado miembro del equipo, sino del equipo total. Un artículo solo puede tener un punto de historia de tres cuando su equipo cree que un miembro mayor trabajará en él, pero cuando el artículo aparece en el sprint, un miembro más junior puede necesitar completarlo, lo que hace que esté más alineado con los ocho puntos de historia. Esto ocurre con frecuencia durante los sprints, por lo que es importante que se considere la habilidad y experiencia del equipo en general para asignar puntos de historia en lugar de pensar en una persona.

10. Las referencias de los artículos de la cartera de productos nunca se ajustan.

Esto puede sonar contradictorio con el error no. 7, pero cuando se produce una interrupción importante en su equipo, como, por ejemplo, perder a algunos miembros principales del equipo que son reemplazados por miembros menos experimentados, la velocidad también cambiará drásticamente. Lo que antes se usaba como referencia con un equipo de más alto nivel, ahora no es efectivo para esta nueva dinámica; en su lugar, elija los elementos de referencia que el nuevo equipo ha completado, para que los cálculos sean más precisos. Hacer esto también le permite al equipo ponerse al mismo nivel y determinar la velocidad actual. A medida que el equipo crece, puede volver a ajustar los elementos de referencia para una mejor precisión.

11. El experto es realizado en lugar de referirlo.

Especialmente cuando su equipo es nuevo, existe el riesgo de que los miembros de su equipo se inclinen ante las opiniones del "experto". En ocasiones, en estos escenarios, es mejor permitir que el "experto" expanda el trabajo y luego haga que los miembros del equipo calculen los puntos de la historia sin la interferencia del miembro de mayor rango. Mantenga siempre al equipo enfocado en crear un cálculo grupal en lugar de permitir que una persona controle los cálculos.

12. Durante la retrospectiva, su equipo no revisa los problemas con los puntos de historia incorrectos.

Ocasionalmente, el cálculo del punto de la historia será completamente diferente del resultado. No permita que su equipo ignore este problema. Durante la retrospectiva, asegúrese de hablar sobre los problemas y descubra la razón detrás de la diferencia, por lo que los nuevos cálculos son más precisos. A veces, es una supervisión de una acción requerida para una tarea que puede ser identificada y enfocada para futuros artículos.

Capítulo 7: Planificación y hojas de ruta Scrum

Los dueños de productos están a cargo de la administración de la cartera de productos, partes interesadas y previsiones. Esto exige varias técnicas y herramientas para monitorear el progreso, supervisar las expectativas e informar a los miembros del equipo y las partes interesadas. Una de las herramientas principales para realizar estas tareas es la hoja de ruta del producto. Si bien son herramientas importantes, puede ser un desafío implementarlas correctamente. El propósito de la hoja de ruta es delinear el desarrollo previsto del proyecto durante un período de tiempo definido. Es compatible con el objetivo del sprint y mantiene la alineación del dueño del producto y las partes interesadas. Las hojas de ruta también ayudan a coordinar y mejorar la transparencia.

Una hoja de ruta no debe centrarse solo en las características. Este enfoque da como resultado básicamente una cartera de productos inflada. Esto pierde el punto de proporcionar un plan estratégico que ofrece estrategias de alto nivel para el desarrollo de proyectos futuros. Los mapas de ruta pueden venir en diferentes estilos que tienen ventajas y desventajas, pero, independientemente de lo que elija implementar, si se usa correctamente, puede agregar valor al trabajo del dueño del producto.

Desarrollando una hoja de ruta del producto

Se consideran varios factores cuando el dueño del producto desarrolla la hoja de ruta del producto. Se tienen en cuenta factores como la proposición de valor, la trayectoria del mercado y las restricciones para la ingeniería. Cuando el propietario del producto entiende bien esto, la hoja de ruta se crea para incluir una dirección al equipo.

Compartir la hoja de ruta del producto

Una vez que el propietario del producto crea la hoja de ruta del producto, se debe difundir a las personas relevantes. Esto es fundamental porque permite que todas las personas involucradas tengan la oportunidad de ver la dirección y la visión del proyecto. La mayoría de las empresas alientan al dueño de su producto a usar hojas de cálculo de PowerPoint o Excel para compartir la información a través del correo electrónico. Esto es problemático porque ahora, cada uno tiene su propia "versión" de la hoja de ruta y debe asegurarse de que cada persona esté trabajando con la versión más reciente.

Para minimizar la confusión y mantener informados a los interesados, considere encontrar un espacio en línea para proporcionar un punto central de contacto. Ahora, solo se necesita actualizar un lugar, y las personas pueden iniciar sesión en cualquier momento para ver la versión más reciente. Muchas plataformas en línea diseñadas para los entornos Scrum permiten que las partes interesadas se actualicen cuando se produce un cambio en el plan.

Cómo utilizar la hoja de ruta del producto

Para entender completamente el contexto del producto, debe poder revisar la hoja de ruta y los resultados de su equipo en relación con él. Un método para hacer esto es crear "epopeyas" en la cartera de productos dividiendo las iniciativas. A partir de ahí, las epopeyas se desglosan en requisitos e historias de usuario. Este método garantiza que cada decisión del dueño del producto y del equipo de desarrollo esté alineada con las necesidades futuras de trabajo.

Por ejemplo, su empresa desea lanzar una función en su sitio web que sea extensa para los usuarios. Cuando prueba la función, se da cuenta de que los usuarios no la están utilizando. Ahora, comienza a cuestionar si vale la pena la inversión futura planificada. Antes de responder a esta pregunta, debe averiguar por qué los usuarios no se involucran en ella. Entonces, en lugar de pasar a la siguiente función, su equipo prioriza una prueba para la función actual. Esto proporciona datos para ayudar a priorizar acciones futuras en lugar de simplemente seguir agregando a la función.

Desglose de patrones a considerar

1. "Disparar desde la cadera" significa que no hay un plan para el futuro y que se está ignorando la hoja de ruta.
2. "Baja visibilidad" significa que la transparencia se olvida y se evita.
3. Actualizar demasiado o nunca actualizar son acciones peligrosas.
4. La hoja de ruta está llena de muchos detalles.

Adaptar la hoja de ruta del producto

En un entorno de gestión de proyectos tradicional, la hoja de ruta se convierte en una muleta para que los miembros del equipo se apoyen. En lugar de hacer lo correcto para el cliente, el miembro del equipo se adhiere a la hoja de ruta debido a la mano de obra puesta en su creación. No quieren que todo el trabajo inicial se desperdicie debido a un cambio en el plan. Esto es evitable en un entorno Agile y Scrum, pero aún existen riesgos.

1. La capacidad del liderazgo para decidir estratégicamente se ve comprometida debido a las actualizaciones constantes de la hoja de ruta que luego erosiona la confianza del equipo.

2. Cuando la hoja de ruta no se actualiza con la frecuencia suficiente, la compañía corre el riesgo de fabricar el producto demasiado tarde y lanzarlo a un mercado saturado.
3. Las pequeñas iteraciones hacen que los planes a largo plazo parezcan demasiado complejos y monstruosos. Para manejar la carga, el equipo decide granular el proyecto y luego cambia el enfoque del objetivo general al producto a corto plazo.

Es necesario un equilibrio entre los objetivos a largo plazo y los objetivos estratégicos y los procesos a corto plazo para una hoja de ruta del producto, por lo que no hay falta de cortedad de visión, vacío o "derrota". Algunos equipos exitosos hacen que sea una práctica revisar la hoja de ruta cada trimestre para que se pueda ajustar y compartir. No importa el tamaño de su empresa, debe determinar con qué frecuencia debe revisarse la hoja de ruta del producto. Tenga en cuenta que la hoja de ruta de un producto puede ser valiosa para varios equipos. La inspección, el ajuste y la comunicación deben reflejar esta comprensión.

OO, objetivo orientado, hoja de ruta del producto

- Pro: enfocado en los objetivos alcanzables del dueño del producto en lugar de solo en las características.
- Contra: las fechas y las secciones de lanzamiento pueden confundir a los interesados y crear falsas expectativas.

Este tipo de hoja de ruta permite al propietario del producto agregar características, pero el inicio del mapa debe comenzar con el objetivo final en mente. Esta mentalidad permite al propietario del producto dirigir el resultado, no la salida.

Además, esta hoja de ruta es compatible con las funciones de mayor prioridad para lograr el objetivo. También, este plan ofrece un espacio de trabajo pequeño, por lo que solo se pueden abordar los tres elementos más valiosos. Finalmente, esta hoja de ruta proporciona una sinopsis de un vistazo del desarrollo sobre los incrementos.

Hoja de ruta del producto ahora-después-luego

- Pro: fácil de entender para todas las personas involucradas.
- Contra: se centró más en las funciones que en los objetivos y no incluye una oportunidad para fechas, lanzamientos o indicadores clave de rendimiento.

Esta hoja de ruta muestra claramente en qué está trabajando el equipo en ese momento, en qué planea seguir trabajando y qué está programado para ser priorizado y realizado. También mantiene a sus partes interesadas enfocadas en lo que se está logrando en lugar de las fechas para los lanzamientos. Además, la falta de información requiere que se comunique cara a cara con su equipo y las partes interesadas, lo que puede considerarse un profesional para esta hoja de ruta. Combinar esta hoja de ruta con la hoja de ruta OO puede ser una técnica poderosa.

Mapa de la historia del producto

- Pro: desarrolla una sinopsis atractiva de todas las características para ofrecer un punto de partida para ideas creativas.
- Contra: puede convertirse en una lista interminable de funciones y características, abrumando al equipo y a las partes interesadas, y creando la impresión de que se cumplirán todos los artículos de la hoja de ruta.

Los dueños de productos deben considerar usar esto para el inicio de un nuevo producto o proyecto. Comienza con las actividades y la perspectiva de los usuarios. Si elige usar esta herramienta al inicio de un nuevo proyecto, asegúrese de recalcar a su equipo y partes interesadas que no se completarán todos los artículos enumerados en la hoja de ruta. Esto requiere un manejo constante de las expectativas, por lo que sus clientes permanecen felices y su equipo motivado con éxito.

Consejos para la hoja de ruta del producto

El consejo principal para utilizar con éxito una herramienta de hoja de ruta del producto es recordar que el ser Agile y usar Scrum significa no asociarse a una sola herramienta a través de interacciones de apoyo con su equipo y clientes. Consejos adicionales incluyen:

Comenzar con la visión del producto.

1. La estrategia para el desarrollo de su producto debe describirse y validarse a través de la hoja de ruta.
2. Una hoja de ruta de productos orientada a objetivos es la mejor para centrarse en los beneficios y objetivos del proyecto.
3. Equilibre la historia del crecimiento de la productividad, de modo que sea coherente pero no exagerada.
4. Manténgase centrado en la simplicidad. No caiga en la trampa de incluir exceso de detalles en la hoja de ruta.
5. Solicite la participación de los interesados mediante la colaboración entusiasta con ellos.
6. La sobrecarga de funciones en su hoja de ruta es un riesgo peligroso, y se necesita una gran valentía para rechazar algo sugerido por una parte interesada. Es difícil de hacer, pero es necesario.
7. Considere cuidadosamente si hay un beneficio para los plazos, las fechas o los tiempos en su hoja de ruta. A veces lo mejor es dejar estos a un lado.
8. La adición de indicadores y objetivos clave de rendimiento ayuda a garantizar la capacidad de medición de su hoja de ruta.
9. Desarrolle una estimación para cada característica que incluya la cantidad de personas y habilidades necesarias para que pueda decidir si es viable.
10. Adapte regularmente el formato de su hoja de ruta del producto e información basada en las revisiones frecuentes.

Capítulo 8: El Scrum Diario

El Scrums diario puede parecer una simple reunión que puede implementar en su empresa, pero es común que los nuevos entornos Scrum luchen con la aplicación. Afortunadamente, hay un desglose simple que puede utilizar para asegurarse de que su Scrum diario sea el más inspirador, divertido y efectivo para su equipo.

El propósito del Scrum diario y su resultado esperado

Hay tres componentes principales para el propósito del Scrum diario:

1. Revisar y alinear el progreso del equipo con el objetivo del sprint.
2. Comunicar cualquier impedimento al progreso del equipo.
3. Determinar el plan de acción basado en la presente revisión para asegurarse de que el equipo cumpla con el objetivo del sprint.

Hay dos resultados de un Scrum diario:

1. La cartera de sprint se actualiza.
2. El plan de sprint se actualiza para garantizar que se pueda lograr el objetivo del sprint.

Cuando se completa el Scrum diario, todos los miembros del equipo deben retirarse con un plan obvio para el trabajo del día. La identificación de los obstáculos puede ser abordada por el Scrum master o por una discusión adicional dentro del equipo para encontrar una resolución.

El Scrum diario es atendido por el equipo de desarrollo diariamente, pero, ocasionalmente, el Scrum master y el dueño del producto pueden asistir. El Scrum master asiste al Scrum diario solo para ayudar a facilitar la reunión, y el dueño del producto solo asiste para ofrecer explicaciones sobre los elementos de la cartera de productos.

Técnicas y consejos para el éxito del Scrum diario

1. No reduzca la frecuencia del Scrum diario porque siente que "no hay nada que compartir" o "no hay suficiente tiempo". Estas reuniones deben realizarse todos los días, a la misma hora y en el mismo lugar, sin importar qué. Reducir el Scrum diario a solo un par de veces a la semana significa que sus equipos ya no podrán revisar la cartera de sprint con tanta frecuencia y perder la oportunidad de ajustar sus acciones para alinearse mejor con el objetivo del sprint. Esto reduce la transparencia del proyecto y perjudica la esencia crítica del Scrum diario.
2. No controle el tiempo que lleva realizar el Scrum diario cada día. Permita que el equipo de desarrollo establezca el tiempo que se ajuste a sus horarios, no a los suyos. Al hacer esto, usted ayuda a garantizar que todos los miembros estén a tiempo y puedan ser dueños de su evento.
3. Anime al equipo de desarrollo a seleccionar una ubicación con una mínima distracción exterior, como ruidos fuertes o mucho movimiento externo. Quiere que se mantengan enfocados en la reunión y en lo que cada persona está compartiendo.
4. Asegúrese de que la meta para el sprint sea clara y visible para todos los asistentes. Esta es la fuerza del sprint y el Scrum, por lo que los miembros del equipo sienten que pueden adaptar su enfoque para adaptarse a la necesidad de la meta. Este objetivo visible debe ser la guía para desarrollar el plan para el día, enfocar al equipo en las tareas en cuestión,

revisar el progreso completado y determinar acciones o comunicaciones innecesarias.
5. Además del objetivo del sprint, el Scrum diario también debe definir un objetivo para el día. El equipo debe unirse al final del Scrum para identificar el objetivo común para el día en el que todo el equipo está trabajando para lograrlo. A veces, esto significa que hay una combinación de varios planes individuales o algo más específico que ofrece valor a todos los miembros. Un ejemplo de un objetivo diario es:

a. "Complete la historia de usuario A y obtenga la historia de usuario B para la prueba".

b. "Probar todos los elementos en el cubo 'para ser probado'".

c. "Activar el entorno de prueba".

Las razones para crear este objetivo diario incluyen:

a. Proporcionar a su equipo enfoque en un esfuerzo de colaboración.

b. Indicar si un miembro del equipo no está trabajando en la tarea correcta si no se alinea con la meta del día.

c. Aliente el trabajo en equipo, la colaboración y la cooperación.

6. Si durante el Scrum diario surgen temas sobre los que las personas desean hablar más, pero no son relevantes para todo el grupo, considere usar el "estacionamiento". Apunte lo que algunos miembros necesitan discutir después del Scrum, para que el Scrum diario sea breve.
7. Coloque un tablero de tareas cerca de la ubicación del Scrum diario, para que pueda ser una parte activa de la reunión. Cada miembro debe identificar las tareas en las que ha trabajado, para que la junta pueda actualizarse rápidamente. De esta manera, la junta está actualizada al final del Scrum, y hay claridad y participación de todos los involucrados.

8. Este tablero también puede impulsar la comunicación para el equipo. Muchos equipos trabajan de derecha a izquierda del tablero, cubriendo toda la información necesaria a medida que avanza. De esta manera los primeros temas tratados son la tarea casi completa. Estas son las acciones de mayor prioridad para el equipo ese día.
9. Junto al tablero de tareas hay un tablero con información sobre el sprint. La información que debe tenerse en la pizarra incluye:
   a. "Definición de completado".
   b. Obstáculos identificados.
   c. El objetivo del sprint.
   d. Disponibilidad de miembros del equipo.
   e. Calendario para el sprint.
   f. Acuerdos para el equipo.

   Esto ofrece transparencia y claridad en el comportamiento, la comunicación y el progreso de los miembros del equipo.
10. Encuentre una manera para que el equipo ejerza energía e identifique quién habla. Considere lanzar una pelota para que la persona con la pelota sea la persona que está hablando mientras todos los demás están escuchando.
11. Comience a disminuir su dependencia del Scrum master para facilitar su Scrum diario. A medida que su equipo madura, la función del Scrum master disminuirá en necesidad y estará allí solo para monitorear el proceso en lugar de participar activamente en la reunión.
12. Aliente al dueño del producto a que asista a los Scrums diarios, para que puedan ofrecer claridad sobre cualquier elemento de la cartera de productos en cuestión, ofrecer comentarios sobre el plan para el día y hablar sobre qué elementos están disponibles para su revisión.
13. No conceda más importancia a las acciones que a los resultados. Las tareas pequeñas que no apoyan la meta del Sprint no necesitan discutirse en la reunión. Los logros del

equipo son más importantes. La atención se centra en lo que se ha logrado y lo que se planea lograr ese día. Aquí es donde la importancia de los objetivos visibles para el sprint y el día son útiles.

14. Asistir mental y físicamente al Scrum. La concentración debe estar en esa reunión, y cada persona debe estar preparada para participar antes de que comience el Scrum. Tener una hora de inicio establecida ayuda con esto.

15. No haga las mismas preguntas cuando sienta que su equipo es más maduro. Las preguntas estándar para principiantes incluyen:

    a. "¿Qué hizo ayer que ayudó al equipo a lograr el objetivo del sprint?"

    b. "¿Qué planea hacer hoy para ayudar al equipo a lograr el objetivo del sprint?"

    c. "¿Identifica algún obstáculo que pueda impedirle a usted o al equipo lograr el objetivo del sprint?

    Las preguntas más avanzadas o variadas pueden incluir:

    a. "¿Cómo colaborará el equipo hoy para lograr el objetivo del sprint?"

    b. "¿Cuál cree que debería ser el enfoque del día?"

    c. "¿Qué tarea cree que es innecesaria ahora, aunque originalmente fue considerada necesaria?"

    d. "¿Cómo cree que podemos eliminar el bloqueo en este instante?"

    e. Si está atrasado en su sprint: "¿Cómo cree que el equipo pueda simplificar para producir un incremento valioso de producto?"

16. ¡Disfruten el tiempo juntos! No importa lo que haga su equipo juntos, anímelos a pasar un buen rato. Tal vez el Scrum diario funciona mejor cuando un miembro del equipo comparte una broma divertida, una historia interesante o aumenta la energía en general. Encuentre maneras de

asegurarse de que el equipo esté feliz y emocionado con el Scrum y el próximo día.

Capítulo 9: Lecciones aprendidas de los estudios de caso de Scrum

G. Wirken, CC BY-SA 2.5 <https://creativecommons.org/licenses/by-sa/2.5>, via Wikimedia Commons
https://commons.wikimedia.org/wiki/File:Dutch_Railways_EMU_Mat64_-_Plan_V_-_Utrecht_Centraal.jpg

Estudio de caso # 1: Dutch Railway - Ferrocarriles holandeses

Los pasajeros son transportados en los ferrocarriles holandeses cada año, lo que lo convierte en uno de los sistemas ferroviarios más utilizados del mundo. Hace unos años, el ferrocarril desarrolló un nuevo sistema para proporcionar información a los viajeros que eran más precisos y que requerían menos intervención por parte del sistema. Además, se desarrolló un control central para mostrar las transmisiones visuales y de audio en todas las estaciones de ferrocarril.

Cuando se intentó este proyecto por primera vez, el equipo utilizó un enfoque de gestión de proyectos en cascada. Se dedicó una gran cantidad de mano de obra al desarrollo de especificaciones y requisitos, pero tres años después, el proyecto se canceló porque el proveedor no podía entregar un producto funcional. Esto es cuando se contrató a otro proveedor para completar el proyecto, esta vez utilizando un enfoque Agile con Scrum. El ferrocarril se comprometió a través del proceso de desarrollo para que el vendedor y el cliente pudieran cooperar y comunicarse abiertamente. Adicionalmente, el proyecto grande y complejo se dividió en partes más pequeñas.

El uso de Scrum tiene un historial comprobado de resultados y proyectos exitosos. Cada proyecto Scrum se adapta al mercado y a las necesidades del cliente. Esta adaptación es lo que en última instancia determina el fracaso total o el éxito final de un proyecto. El ejemplo de Dutch Railway – Ferrocarriles Holandeses, muestra cómo un proyecto grande puede tener éxito incluso cuando un intento ya falló con otro proveedor, y los miembros del equipo se encontraban en diferentes países que hablan diferentes idiomas. Los resultados y las lecciones de este proyecto muestran cómo un proyecto grande se puede lograr rápidamente (en relación con el tamaño del proyecto). Las principales lecciones aprendidas incluyen cómo iniciar el proyecto, encontrar el mejor dueño del producto, comprender el valor de la estimación, la comunicación productiva, las pruebas consistentes y la documentación adecuada.

La medición final del resultado del proyecto Scrum es la satisfacción del cliente. En el caso de Dutch Railway – Ferrocarriles Holandeses, expresaron al vendedor su inmensa satisfacción con el resultado entregado. La medición de la realización del proyecto en el enfoque tradicional de "a tiempo y dentro del presupuesto" se adaptó al proyecto a medida que cambiaba a lo largo de su vida útil. La funcionalidad, el presupuesto y la previsibilidad del tiempo cambiaban a medida que se completaban las iteraciones. Esto quedó claro para el proveedor y el cliente porque ambos se comunicaban entre sí durante todo el proceso. El cliente estaba contento incluso cuando fuerzas externas retrasaban el lanzamiento del producto.

Para garantizar que el producto fuera valorable, el cliente también contrató a una agencia externa para probar los resultados. Los hallazgos concluyeron:

- El sistema produjo muy buena mantenibilidad.
- El código fuente era de muy alta calidad.

La compañía externa que probó el código también agregó que sus comentarios no fueron tan positivos como lo fue para este proyecto.

Las lecciones aprendidas de este estudio de caso incluyen:

1. Encontrar el mejor ajuste para el dueño de un producto es un desafío. Esta persona debe tener el mandato de determinar las prioridades del proyecto y la comprensión integral de los requisitos del proyecto. En un proyecto de este tamaño, era necesario que más de una persona desempeñara el papel de dueño del producto.
2. Las carteras de productos estimados y completos son críticos para cumplir con una fecha límite. No importa la cantidad de información para un requisito, es necesario tener un presupuesto. No puedes dejarlo en blanco. La combinación de esta información con la velocidad del equipo ofrece información importante sobre la fecha de lanzamiento planificada.

3. Scrum es ideal para equipos que se distribuyen en varias ubicaciones. Se desarrollaron equipos con miembros en diferentes países, por lo que todos los miembros desarrollaron un buen espíritu de equipo y fomentaron estrategias de comunicación efectivas. Los costos se mantuvieron bajos para esta comunicación mediante el uso de hardware preparado y software libre.
4. Reúna a todos los equipos en un solo lugar al inicio del proyecto, para que todos los miembros del equipo puedan aportar sus opiniones y ponerse de acuerdo sobre las prácticas que seguirá cada miembro. Esto es muy útil para los equipos que se distribuirán en varias ubicaciones durante el proyecto.
5. Cree un equipo especial de personas que completen tareas que no sean adecuadas para un sprint. Estas tareas incluyen la recopilación de partes interesadas importantes o el trabajo con los distintos departamentos con los clientes. Este equipo especial completa estas tareas para que el equipo de desarrollo pueda centrarse en el producto. Adicionalmente, un escritor técnico es valioso para un equipo especial externo, aunque este rol adicional agregue costes a la comunicación.
6. En proyectos grandes, la documentación para el cliente es inevitable, pero esto no reemplaza la necesidad de historias de usuario para un sprint. Si el cliente no está dispuesto a renunciar a su método de documentación, entonces considere el proceso de duplicar los esfuerzos durante el proceso de planificación.
7. El desarrollo de pruebas automatizadas es fundamental para proporcionar software incremental sin el obstáculo de los errores de regresión. El costo inicial puede ser desalentador, pero cuando el proyecto esté completo, será evidente que el retorno de la inversión valdrá la pena.

Estudio de caso # 2: La corporación Intel

Dentro de la industria, para el desarrollo de microprocesadores, existe un grupo llamado "ingenieros de desarrollo de productos". Si bien su propósito es ofrecer elementos evaluados para alinearlos con una selección y clasificación de dispositivos más rentable, los resultados son negativos para los del grupo. Están presionados para producir, pero carecen del control para hacerlo. Esto conduce al deseo de interrupción y la aplicación de una metodología Scrum en la corporación Intel. Alrededor de 50 personas se ofrecieron a formar parte de este "experimento" y se crearon siete equipos.

Los equipos identificaron cuatro impactos principales que Scrum tuvo en su desempeño:

1. Reducción del tiempo de ciclo
2. Calendario de rendimiento
3. Moral del equipo
4. Transparencia

La reducción en el tiempo que llevó completar un ciclo fue significativa. Los siete equipos mostraron una reducción en el tiempo de ciclo del 66%. El calendario de rendimiento se estableció en un ritmo de mantenimiento de un sprint de dos semanas. Esto fue sostenible durante más de un año con estos equipos. Además, los fallos en el calendario y los compromisos incumplidos fueron prácticamente eliminados. La participación de la gerencia superior e incluso los clientes ayudaron a respaldar el ritmo de producción de dos semanas. La moral del equipo fue impulsada a través de una mejor comunicación. Esta satisfacción en el trabajo cambió el espíritu del equipo más bajo al equipo que funcionó mejor. Finalmente, una mayor transparencia significó la nueva adopción de estilos y estándares formales, como CMMI, VER y VAL. Adicionalmente, esta transparencia lleva a la identificación de errores, obstáculos, herramientas deficientes y hábitos débiles para los ingenieros que podrían abordarse para mejorar el funcionamiento.

Además de implementar Scrum, los equipos de prueba también mejoraron sus herramientas. A pesar de estos ajustes adicionales, más del 50% de las ganancias del equipo se atribuyen directamente a la implementación de Scrum. El calendario se volvió predecible porque los miembros del equipo pudieron mantener el ritmo. Esta previsibilidad llevó a un mínimo de problemas en los requisitos para los equipos, ya que la alta gerencia no quiso interrumpir el proceso. El alcance y la prioridad se administraron de manera asertiva, lo que hizo que el equipo no perdiera los plazos después de ajustarse al proceso. A medida que los equipos experimentaban un éxito y una satisfacción constantes con los plazos de entrega, su moral comenzó a mejorar. Estaban orgullosos de su propiedad del compromiso que hicieron y cumplieron. Esta mejora en la moral y el ritmo sostenible son los dos beneficios clave de adoptar Scrum que los equipos más aclamaron. Gracias a este camino, los enfoques más tradicionales en la organización están considerando adoptar Scrum para experimentar los beneficios potenciales para ellos mismos. La visibilidad de las deficiencias es atractiva para muchos departamentos. Debido al éxito de estos equipos de prueba, Intel invirtió en más herramientas para ayudar en la adopción de la metodología Scrum.

Intel tiene muy claro que la metodología Scrum sirvió bien a sus ingenieros de desarrollo de productos. El éxito de estas 50 personas se extendió rápidamente a otras partes de la empresa. Si bien no fue un buen comienzo para la adopción del Scrum, los equipos de prueba están compartiendo sus experiencias para ayudar a otros a aprender las lecciones sin los riesgos. Lo que aseguró el éxito de Scrum en este departamento en Intel fue el apoyo de la alta gerencia y los "expertos de Scrum" que continuaron alentando a los voluntarios a seguir intentando adaptarse a la nueva forma de hacer las cosas. Los equipos que completaron este estudio de caso encontraron el cambio de la planta y el comando y control a inspeccionar y adaptar, y la organización empírica valió la pena por los "dolores de crecimiento". Fue un trabajo duro para ellos alterar sus comportamientos programados, pero encontraron que valía la pena la lucha.

Capítulo 10: Qué es un Scrum Master y qué no es

Las funciones de un Scrum Master y un gerente de proyectos son diferentes de muchas maneras. Para alguien que acaba de adquirir experiencia con Scrum, podría cometer el error de ver estas funciones como algo que una sola persona puede hacer. Es un error fácil de cometer porque, en la superficie, estos roles parecen muy similares. Analicemos qué hace que las funciones de estos dos sean diferentes y cómo funcionan juntos para que los proyectos se desarrollen sin problemas.

Cuando piense en Scrum Master, piense en un facilitador o un entrenador. Ayudan a asegurar que todo el equipo y el proyecto tengan éxito. Típicamente, son la única persona que tiene un objetivo singular. Los gerentes de proyecto y otros miembros del equipo a menudo tienen otras responsabilidades y Scrum Master no debería. Deben mantenerse enfocados en los objetivos generales. El Scrum Master no hace esto gestionando activamente el trabajo de producción del equipo, sino apoyando al dueño del producto.

También entrenarán al equipo en general y se asegurarán de que se siga todo el proceso de Scrum. Esta es una de las principales responsabilidades de Scrum Master en el proceso y la implementación de Scrum.

Probablemente haya notado que la descripción de un Scrum Master se basa exactamente en tareas de entrega. La razón de esto es que la responsabilidad de un Scrum Master cambiará a medida que cambien las necesidades del equipo. Un equipo realmente bueno pondrá su confianza en su Scrum Master para ayudarles a hacer su trabajo y mantenerse en el camino. También confían en el Scrum Master para mantener las influencias externas lejos de ellos tanto como sea posible. Tener personas relacionadas con el trabajo del equipo mirando por encima del hombro les hará más lentos. Si se les puede dar espacio y dejarlos solos, pueden hacer más cosas en menos tiempo.

Ser un Scrum Master es el equilibrio perfecto entre el arte y la ciencia. El arte es todos los aspectos de liderazgo y entrenamiento del trabajo. La ciencia entra en juego con la planificación del sprint y la liberación de aspectos del trabajo. Deben asegurarse de que su equipo esté trabajando de la manera correcta durante el tiempo adecuado.

Un Scrum Master solo puede realmente hacer bien su trabajo si el resto del equipo coopera y contribuye. La función de un gerente de proyecto no requiere el mismo nivel de participación. Su papel es bien definido. Un Scrum Master a veces parece no estar haciendo nada. Esto puede hacer que el equipo no esté dispuesto a acudir a ellos con problemas si sienten que el Scrum Master no está tan involucrado en el éxito del equipo. El equipo debe saber que el Scrum Master está trabajando para facilitar las operaciones diarias. Si todos son transparentes sobre lo que creen que necesita el proyecto, el Scrum Master puede garantizar el éxito del proyecto.

Los gerentes de proyecto pueden convertirse en Scrum Masters, pero no siempre es una buena opción. Eso también se aplica a otros roles comerciales como los analistas de negocios. Una de las razones principales por las que este ajuste no parece funcionar siempre es la estructura. La estructura suele ser muy importante en la gestión de proyectos. Un Scrum Master no confía en la estructura para su función. Un gerente de proyecto puede tener que alejarse del liderazgo directo al que realmente están acostumbrados. Ya no serán el único líder de un equipo que se dirige hacia una meta predefinida para ellos. La documentación y los requisitos de proceso que a menudo protegen a los gerentes de proyecto del riesgo ya no son útiles. Tendrán que lidiar con el cambio todos los días, desde pequeñas cosas hasta grandes cambios en los detalles del proyecto. Es importante que el Scrum Master pueda realizar esos cambios y decisiones. Son lo que ayuda a que el proyecto siga fluyendo. El gerente de proyectos tradicionalista puede estar completamente desilusionado por la falta de definición de proyectos Agile que hacen los Scrum Masters. No tener un proyecto completamente definido es una de las razones principales por las que los gerentes de proyecto evitan completamente las funciones de Scrum.

Usted podría estar pensando: "Si estos son responsabilidad del Scrum Master, ¿dónde encajan los gerentes de proyecto?" La respuesta es que no hay un ajuste directo. Las responsabilidades que tiene un gerente de proyecto típico en realidad se reparten en varias funciones dentro del equipo. Algunas de las responsabilidades que normalmente pertenecen a un gerente de proyecto irán al dueño del producto o al Scrum Master. Algunos proyectos a gran escala pueden requerir un rol de gerente de proyecto, pero este es típicamente el caso en proyectos expansivos que utilizan múltiples equipos. En esa situación, se necesitaría un gerente de proyecto para coordinar los equipos, los plazos y los recursos.

El dueño del producto en realidad tiene la función más relacionada con un gerente de proyecto. Tienen una responsabilidad increíble en un proyecto y dentro del equipo. Mantienen la cartera de productos. Este documento contiene los detalles del producto y los requisitos que el equipo aún debe cumplir. A medida que un proyecto comienza a tener una visión más clara, continuarán documentando. El dueño del producto deberá ajustar el retraso y las propiedades asociadas con el retraso para compensar los cambios que ocurren naturalmente a medida que los detalles sobre el proyecto se hacen más conocidos. Este es un aspecto enorme, y muy difícil, del trabajo de los dueños de los productos, y ahí es donde entrará el Scrum Master. Actúan como asesores del dueño del producto. A veces pueden ofrecer una solución más objetiva a los problemas porque están mirando desde afuera. Esa perspectiva puede ser una herramienta muy valiosa. Si bien el dueño del producto aún tiene la responsabilidad y tiene la última palabra, no están solos en una isla. Pueden hacer preguntas al Scrum Master sobre problemas de funcionalidad, comentarios de los usuarios y posibles cambios en el desarrollo. El Scrum Master ayuda al dueño del producto a manejar el equipo y las reuniones para planificar y revisar. El Scrum Master resuelve problemas que bloquean el desarrollo de un proyecto utilizando su experiencia y habilidades, así como su experiencia. Siempre hay mucho que hacer dentro de un proyecto, y el trabajo del Scrum Master es proteger al equipo. Las únicas personas que deberían discutir los cambios en el producto que se está desarrollando son el gerente Scrum y el dueño del producto. Como saben, los cambios en los productos se producirán a medida que el proyecto avance. Las excepciones al inicio del proyecto pueden ser totalmente diferentes del producto real que se produce. Eso es normal y totalmente esperado. Uno de los factores más importantes en un proyecto son los comentarios de los usuarios. Es la mejor manera de establecer si su producto es utilizable y sólido en su creación. En realidad, no es suficiente para que usted cree un producto para el cual el cliente ve la necesidad. Es demasiado fácil para una sola persona expresar lo que cree que es correcto. Para que un producto sea exitoso, debe haber una respuesta de una audiencia muy amplia. Sus comentarios y experiencias deben documentarse con el uso de la cartera de productos si se consideran apropiados para el producto. El Scrum Master puede ayudar al dueño del producto a comprender y facilitar esos cambios. También pueden ayudar al dueño del producto a comunicar las decisiones tomadas al equipo y, al mismo tiempo, dar prioridad a los cambios en la cartera.

Capítulo 11: Errores comunes de Scrum

Ciertamente hay algunos errores en los precios de Scrum. La buena noticia es que hay algunas formas bastante fáciles de evitar esos errores y tener un equipo y un proyecto exitosos.

La planificación es importante, pero la planificación excesiva desperdicia tiempo y energía porque muchos de esos planes terminarán cambiando. En lugar de pasar mucho tiempo antes de comenzar la planificación del proyecto, elija comenzar de inmediato. Luego use las revisiones de sprint para obtener retroalimentación y ajustar sus planes. La cartera de productos puede incluso crearse después del comienzo del primer sprint.

A veces, una gran cantidad de tecnología puede descarrilar la productividad de un equipo. Cuando las personas están en una transición hacia el uso del método Scrum, quieren encontrar inmediatamente una herramienta tecnológica que les ayude a administrar su proyecto. Esto no es necesario, y aprender un nuevo método junto con una nueva tecnología puede abrumar a un equipo.

Al principio, sería conveniente optar por utilizar el seguimiento en papel. Es mucho más fácil al principio. El tiempo dedicado a encontrar una herramienta y luego enseñarle al equipo cómo usarla podría retrasar el inicio del proyecto en semanas.

El Scrum diario no es el lugar para resolver problemas. Siempre habrá problemas y obstáculos, pero este no es el momento de abordarlos. Estas reuniones deben ser cortas y directas al punto. Cuando necesite resolver un problema o proponer una solución, elija tener esas conversaciones después de la reunión del Scrum diario. De esta manera solo las partes afectadas e interesadas pueden quedarse para escuchar, y todos los demás pueden ir y ser productivos en otros lugares. El trabajo de Scrum Master es mantener estas reuniones activas a través de la facilitación.

Si está asignando tareas a su equipo, entonces hay un problema. Recuerda que el Scrum promueve la auto-organización. Esto significa que el proceso tradicional de un líder que asigna tareas al grupo realmente no encaja bien en el método Scrum. En lugar de asignar un trabajo, proponga una tarea y deje que la persona que siente que va a hacer lo que sea más adecuado se encargue y realice la tarea.

No espere a reiniciar un sprint. Los errores ocurren y, a veces, es necesario hacer una repetición para hacer las cosas bien. Lo que no debe hacer es tratar de esperar el momento perfecto para comenzar. Eso es una pérdida de tiempo porque no hay un momento perfecto para comenzar un sprint. Es importante solo comenzar y trabajar. Lo más probable es que nunca se sienta completamente listo para continuar trabajando para que pueda cumplir los objetivos de su equipo.

El Scrum Master no debería ser un colaborador en el sentido tradicional de la palabra. Piense en su Scrum Master como algo similar a un bombero. Ciertamente tienen un montón de tiempo ocioso en el que solo están mirando y esperando, pero cuando surge una emergencia, se ponen manos a la obra y resuelven los grandes problemas. Si están realizando otras tareas, tendrán menos tiempo para eliminar problemas y obstáculos, proteger al equipo de interrupciones o ayudar al equipo a seguir las reglas de Scrum. Estas son responsabilidades que son muy importantes para el proyecto y el equipo. Deje que sus Scrum Masters hagan su trabajo y su equipo fluirá mucho mejor.

Tener un dueño de un producto ausente es un gran problema para cualquier equipo. Son un miembro importante del equipo y deben estar presentes en todas las reuniones que el equipo pueda tener. También deben estar disponibles para hablar y consultarles durante el día. Además tienen la responsabilidad de hablar y actualizar a las partes interesadas, pero eso debería suceder en las reuniones del equipo.

Tener un Scrum Master ausente también es problemático. Un Scrum Master siempre debe estar con el equipo. No importa si el Scrum Master está haciendo algo activamente en este momento. Deben estar hablando con el equipo que actúa como facilitador y entrenador para el dueño del producto y preparado para resolver cualquier problema que se le presente. No pueden hacer eso si ni siquiera están en la sala del equipo. Deben estar presentes, y si no lo están, deberían proteger al equipo de las interrupciones y responder a preguntas externas.

Como hemos hablado antes, es importante recordar cuál es realmente la función del Scrum Master. No es la misma función que un gerente de proyectos o un dueño de producto. Deben estar en reuniones, no para administrar a las personas, sino para facilitar la conversación. En el Scrum diario, no deben distribuir tareas o exigir informes de progreso. En su lugar, deben tomarse el tiempo para preguntar a los miembros del equipo cómo van sus tareas. Deben preguntar qué necesita hacer el equipo y cuál es la mejor manera de hacer el trabajo. Es un gran error que el Scrum Master actúe como gerente de cualquier manera. Los aleja de sus funciones reales, y eso le quita productividad y eficiencia al equipo.

Tener demasiados objetivos flexibles puede realmente descarrilar un sprint y abrumar a un equipo. No se debe presionar a nadie que esté presionando al equipo para que dedique una cantidad de tiempo irrazonable a un proyecto. Tener esto como una práctica regular puede generar desconfianza y resentimiento dentro del equipo. También puede resultar en un trabajo de menor calidad. No hay nada de malo en concederle al equipo un desafío ocasional dentro de los objetivos del producto, pero definitivamente mantenerlo razonable.

El equipo es la parte más importante del método Scrum. Al igual que un equipo no debe comprometerse a una cantidad irrazonable de sprint, tampoco debe un individuo. Los equipos de Scrum no deberían necesitar un héroe para mejorar o hacer que las cosas sucedan. Si esto ocurre, debe reevaluar el equilibrio y el flujo de su equipo, ya que esto puede significar que las responsabilidades del equipo son demasiadas en un sprint o que varias personas eligen no tirar de su peso.

La cartera de productos es responsabilidad del dueño del producto. El equipo realmente no tiene la objetividad y la visión correcta de los usuarios. Los problemas técnicos deben estar donde radica su pronóstico. El propietario del producto es responsable del RSI. No deben dejarse presionar para que hagan nada en ningún orden por razones técnicas. El dueño del producto debe mirar el proyecto en su totalidad y luego hacer lo que sea mejor para el proyecto y el equipo.

El dueño del producto no tiene que ser y no debe ser el único solucionador de problemas. Deben dar al equipo la libertad total para descubrir soluciones a los problemas en la cartera de productos. Esto significa que habrá una cantidad diversa de pensamiento para resolver creativamente problemas técnicos, porque ahí es donde reside su dominio específico del conocimiento. Como siempre, depende del dueño del producto tomar las decisiones finales.

En Scrum, las interrupciones no son del todo bienvenidas. Hay dos tipos de problemas. El primer tipo son los problemas que son tan urgentes que deben abordarse de inmediato. Si este es el caso, entonces el sprint debe cancelarse y reiniciarse una vez que el asunto urgente haya sido tratado. Si el problema no vale la pena para esa acción, entonces hay un segundo tipo de problema. Si no es un problema urgente, debe ir a la cartera de productos y tratarse al comienzo del próximo sprint.

No haga suposiciones sobre los detalles del trabajo. Los equipos pueden cometer muchos errores si no les hacen preguntas a los dueños del producto sobre los detalles específicos del trabajo que han realizado. Para que un miembro del equipo resuelva los problemas correctamente, necesitan un contexto y una comprensión a gran escala de lo que están haciendo. La retroalimentación se debe dar al miembro del equipo del dueño del producto diariamente durante un sprint.

Si no está haciendo las cosas, entonces es muy probable que esté poniendo demasiadas tareas dentro del sprint. Si esto sucede ocasionalmente, entonces no es probable que se necesiten cambios. Sin embargo, si esto sucede a menudo, tómese el tiempo para asegurarse de que los miembros del equipo estén utilizando los diagramas de quemado de la manera correcta y continúen sosteniendo demostraciones incluso cuando no se haya completado todo su trabajo.

Las demostraciones a veces pueden ser pasadas por alto por el equipo. Tienen muchas cosas que hacer durante un sprint, y pueden pasarse por alto. Lleva una cantidad de tiempo considerable, pero es el tiempo empleado correctamente. Anime al equipo a asegurarse de que están dejando tiempo para prepararse para una demostración, incluida la limpieza del espacio donde se realizará la demostración. También incluya la preparación de los guiones y el área de demostración, así como la preparación de las partes interesadas. Ponga estas tareas en la cartera de sprint para asegurar aún más su finalización.

Desde el primer sprint, el equipo debe intentar crear un producto de calidad de producción. Tener un prototipo que no se puede enviar solo retrasará lo que debe ocurrir de todos modos. Necesitará tener un producto que se pueda enviar eventualmente, así que comience de la manera correcta. Además, se deben evitar por completo los esquemas y otras herramientas similares.

Scrum no es lo más ideal para equipos distribuidos, por lo que es mejor evitar los problemas de comunicación y productividad que pueden ocurrir cuando los miembros del equipo no están en el mismo espacio. Esto no implica literalmente que haya equipos ubicados en todo el país; también puede significar equipos en diferentes partes de un edificio o en diferentes cubículos. Es mejor tener a todos en el mismo espacio. Permite mucha transparencia, lo que es ideal para los equipos.

El Scrum Master no es el jefe. No deberían decirle a la gente qué hacer y cómo hacerlo. Al igual que no deberían tener tareas fuera de sus responsabilidades. Puede ser tentador para un Scrum Master simplemente asumir el control, pero siempre deben permanecer en el rol en el que se inscribieron y evitar dar órdenes directas.

El cambio de equipo en mitad de un proyecto debe evitarse tanto como sea posible. Scrum es un método para equipos de desarrollo altamente productivos y de rendimiento. Si los equipos tienen que experimentar un cambio, entonces todo el trabajo que se ha realizado para hacer un equipo cohesivo debe hacerse nuevamente. Esto puede desperdiciar una gran cantidad de tiempo y realmente hacer que un proyecto se descarrile.

Mantenga las funciones externas fuera del equipo Scrum. Muchas veces, su título oficial no será su rol dentro de un equipo Scrum. No es aconsejable que los miembros del equipo intenten cumplir con sus roles típicos y los de Scrum al mismo tiempo. Causará problemas. Por ejemplo, si usted es un gerente de proyecto en la Compañía P, puede convertirse en el dueño del producto en un equipo Scrum. No cambia su título general en la Compañía P, pero no está desempeñando el papel de un gerente de proyecto en un equipo

Scrum, y debe seguir las reglas de Scrum para que el proyecto y el equipo puedan ejecutarse correctamente.

El Scrum puede exigir a muchos equipos al considerar la calidad del trabajo. Debido a las crisis de tiempo, a veces es fácil tomar atajos cuando nunca debe hacerlo. Es importante nunca renunciar a la creación de un trabajo de calidad en todo momento. Nunca hay una razón para producir un trabajo que sea inferior a lo que un equipo puede proporcionar. Cuando se trata del producto que entregará el equipo de Scrum, es necesario que haya altos estándares porque de eso se trata Scrum.

El Scrum no se puede poner fácilmente en una caja. Tener fechas límite y recursos impuestos por el cliente limita los potenciales de un equipo y deshace todos los aspectos positivos de Scrum. La calidad del producto fallará inevitablemente debido a un equipo que intenta mantenerse dentro de estas restricciones. Es como si el cliente le estuviera pidiendo a usted y a su equipo que predigan el futuro hasta el minuto y el dólar. Eso es irrazonable, y ningún equipo puede trabajar de esa manera. Scrum significa que comenzará un proyecto sin todos los detalles, así que, ¿cómo podría pronosticar adecuadamente cuando tiene información limitada? Eso es fantasía, no realidad. Evite a cualquier cliente que insista en esta estructura.

Para las empresas tradicionales, el desarrollo Agile definitivamente puede ser un ajuste desafiante. Deben pasar de una persona puntual con control y mando total de un equipo a un método que reste importancia a la administración al tiempo que impone la organización y la responsabilidad individuales. Por lo tanto, tener al Scrum Master responsable de la entrega parece ser una decisión acertada para un tradicionalista, pero le quita todos los beneficios a Scrum. Esos beneficios, como la velocidad de entrega, se pueden eliminar al no respetar las funciones en el Scrum.

La función de un Scrum Master incluye asegurar que los desarrolladores estén en línea con los requisitos del proyecto. Pero no pueden concentrarse en la entrega del producto. Si lo hacen, será a costa de garantizar la calidad del producto. Evitar esta compensación es simple. En lugar de planificar cada proyecto individualmente, planifíquelos colectivamente por varios miembros del equipo. Este es un gran beneficio porque todos están al tanto de la información de esta manera. Cuando todo un equipo comprende los requisitos y los plazos, es mucho más fácil para todos garantizar que los productos no solo sean de alta calidad, sino que también se entreguen constantemente a tiempo.

El Scrum Master puede ayudar a facilitar la comunicación entre el equipo y el dueño del producto. Los equipos deben poder abandonar el Scrum diario e ir al Scrum Master con posibles problemas. El Scrum Master debe poder comunicar esos problemas al dueño del producto para que todos puedan estar en la misma página fácilmente. El Scrum Master se encuentra en la posición única de ser en gran parte natural en el proceso. El equipo y el dueño del producto tienen el potencial de conflicto, y el Scrum Master debe poder mediar esos problemas para que el equipo pueda superar los problemas dentro de la comunicación. Los problemas de comunicación pueden hacer perder tiempo y crear desconfianza dentro de un equipo, por lo que es mejor evitarlos por completo.

Si no está realizando retrospectivas una vez que se completa cada carrera, entonces está cometiendo un error. Recuerde que los métodos Agile requieren la reflexión de los equipos para que se tomen el tiempo de aprender cómo pueden ser más eficientes y efectivos. Una vez que un equipo ve cómo puede mejorar, es importante que ese equipo ajuste sus metas y su comportamiento de acuerdo con lo que han aprendido. El método Scrum significa estar muy dispuesto a hacer cambios, reflexionar sobre el trabajo que ya se ha realizado y ver dónde deben ocurrir las mejoras importantes para el proceso.

El Scrum Master debería eliminar los obstáculos desde el principio. La etapa inicial es el lugar perfecto para la resolución de problemas. Este es uno de los trabajos principales de un Scrum Master. Si esto no está sucediendo, habrá problemas de retrasos y afectará negativamente al equipo. Es el trabajo del Scrum Master animar a los miembros del equipo a que vengan con dificultades y problemas potenciales desde el principio. Deben indicar que esto podría retrasar su trabajo para que el Scrum Master pueda encontrar una solución a su problema. El objetivo es evitar por completo el paro laboral o cualquier cosa que pueda retrasar el trabajo del equipo.

Intente evitar la falta de miembros del equipo en el Scrum diario. Esta reunión es uno de los aspectos más importantes de Scrum. Puede ser una manera rápida para que el equipo se encuentre cara a cara y comunique el progreso y las dificultades. La colaboración es esencial en un ambiente de equipo. Así que tener a todos en el mismo lugar al mismo tiempo conduce a la colaboración.

La transparencia y la viabilidad son otros factores importantes cuando se trata de los equipos de Scrum. El Scrum diario anima a ambos. Las preguntas que tienen las personas pueden responderse y las sugerencias se pueden implementar fácilmente cuando todos pueden reunirse y hablar sobre el tema de inmediato y luego reunirse en grupos más pequeños para discutir problemas específicos. Como guía, cada miembro debe asistir y tener tres preguntas o menos que ofrecer durante la discusión.

Los requerimientos de Scrum siempre deben cumplirse, sin excepción. El trabajo del Scrum Master es asegurarse de que esto se haga. Deben guiar al equipo manteniendo todo lo más simple posible. No hay necesidad de complicar demasiado las cosas. Es necesario que la responsabilidad se maneje correctamente y el Scrum Master está allí para garantizar que todo fluya de acuerdo a los requerimientos de Scrum, de lo contrario, un proyecto puede estar desordenado y retrasado.

A veces subestimamos lo difíciles que pueden ser las transiciones. Puede ser un desafío, e ignorar ese hecho puede dejarlo sin preparación cuando las cosas se ponen difíciles. Esto puede hacer que sienta que volver al método antiguo sería más fácil que cuestionar el beneficio de Scrum. Todo lleva tiempo para preparar.

No solo está introduciendo un nuevo método, sino que también está lidiando con problemas como los problemas culturales, la desorganización, la falta de responsabilidad, el escepticismo y la mala comunicación. Todas estas cosas deben ser tratadas antes de implementar el Scrum. Lo más importante que se debe recordar es que la paciencia debe ser alta. La transición efectiva necesita un cambio en cada aspecto de sus equipos de desarrollo. Definitivamente, debe estar listo para aceptar el cambio. El cambio es lo que le dará los resultados que necesita para que sus equipos de desarrollo sean lo mejor que puedan ser.

Hay una razón muy común que justifica los fallos en los sprints. Esa razón es el estado " no está listo" para la cartera de productos. Esto puede causar muchas represiones, incluida la entrega de un producto de bajo valor. Hay soluciones para cada problema, y esta no es una excepción. Para evitar esta situación, prepare la cartera para el próximo sprint mientras estuvo en el sprint anterior. Asegúrese de crear un equilibrio cuando se trata de tareas. No desea recargar con trabajo en exceso al equipo, pero tampoco desea un tiempo muerto cuando el sprint aún no haya terminado una vez completadas todas las tareas. El Scrum Master y el dueño del producto deben establecer los objetivos para el sprint y asegurarse de que también se incluyen cosas como la capacitación necesaria para los miembros del equipo.

No coloque demasiada presión en su equipo. Su equipo trabajará en sprints, y cuando uno termine, otro comenzará. A veces estos sprints se superponen, y es normal. Es ideal para ellos mantenerse separados. También es ideal que su equipo no comience a trabajar en un sprint cuando aún no se haya completado el otro. Esto puede ayudar a su equipo a ser consistente en el trabajo que crean y entregan. Cada miembro del equipo debe trabajar a un ritmo que realmente pueda sostener. Si ellos trabajan demasiado, nunca podrán mantenerse al día. Un Scrum Master debe asegurarse de que el ritmo que se está estableciendo pueda mantenerse durante todo el proyecto. El Scrum Master también debería trabajar para arreglar cualquier cosa que esté causando que el equipo se sienta abrumado.

Capítulo 12: Mitos comunes de Scrum

Como con la mayoría de las cosas, Scrum y otros métodos Agile tienen varios mitos que realmente asustan a las personas que pueden querer probar métodos Agile dentro de su organización. Echemos un vistazo a algunos mitos comunes y a desmentirlos.

Algunas personas piensan que los métodos Agile son nuevos o de vanguardia. Eso no es verdad. Estas metodologías han existido durante mucho tiempo: más de 20 años. No es verdad pensar que las metodologías Agile no están probadas. De hecho, es un método establecido que funciona para aquellos que necesitan un método flexible para lograr los objetivos del proyecto.

Scrum definitivamente no significa que su estructura carezca de diseño. Si usa Scrum, lo más probable es que use mucho más diseño del que cree. El diseño está en cada etapa de desarrollo del Scrum. Está en las etapas de desarrollo y en la planificación de cada reunión. Es un mito que necesita un diseño completo al comienzo de un proyecto para que ese proyecto tenga éxito. ¿Cuál es el punto si las cosas cambiaran totalmente a medida que comienza a programar o trabajar y descubre que algunas cosas no funcionan tanto en el mundo real como en papel? Hacer una planificación compleja es lo opuesto a lo que se trata Scrum. El punto es saltar y comenzar a trabajar y diseñar sobre la marcha. Esto elimina el período muerto en el que nadie está trabajando porque un diseño no está terminado o trata con clientes insatisfechos cuando un plan no funciona exactamente como se comentó. El diseño se presenta tanto en Scrum porque está hecho para ajustarse a los resultados de los proyectos, no a las proyecciones.

Es muy importante saber que no hay una longitud perfecta para una historia. Cada equipo, proyecto e individuo son diferentes. Debe hacer lo que sea mejor dada la situación y no una regla dura y rápida.

Hay algunas reglas básicas para crear la longitud adecuada de sus historias. La primera regla para una historia de desarrollo de cualquier tipo es pensar qué tan pequeño puede ser. ¿Se puede completar en un mes o dos o una semana o dos? Lo importante es que la historia no se eternice un tiempo irrazonable. La siguiente regla es mirar el valor de su historia de desarrollo. Debe explicárseles claramente qué es la historia y por qué es importante. También debe poder explicar la línea de tiempo y por qué lo establece en ese punto sin ninguna excusa. Si usted puede hacer eso, tendrá una historia de desarrollo razonable. El punto es asegurarse siempre de que su trabajo y el trabajo sugerido sean valiosos para el proyecto.

El tamaño elegido para una historia de desarrollo es un reflejo de la experiencia y la función del propio equipo. Si los miembros del equipo no conocen los temas incluidos en un proyecto, necesitarán más tiempo para comprender y hacer preguntas. Necesitarán más detalles. Esto creará la información y agregará funcionalidad a un elemento en desarrollo. Por el contrario, si los miembros del equipo tienen una gran cantidad de conocimientos y experiencia, entonces hay menos uso para una gran cantidad de explicaciones en la tarjeta, o en una conversación real, de esta manera un equipo puede entregar grandes cantidades de trabajo en menos tiempo.

En un Scrum, no es necesario que todo el trabajo se ajuste a un sprint, lo cual es un mito común. Los sprints realmente pueden engañar a las personas para que piensen que son restrictivas. Si se encuentra dentro de un sprint realmente estricto o estrecho, lo más probable es que cada historia tenga que comenzar y terminar dentro del mismo sprint. En la mayoría de los casos, puede haber cierta superposición. Por lo general, hay espacio para desglosar historias de alguna manera. Esto es bueno para la moral del equipo. Nadie quiere trabajar demasiado duro para su equipo. Trate de desglosar las historias de negocios en tareas de desarrollo.

Puede utilizar el intervalo de velocidad para mejorar el flujo, aunque este intervalo no puede ser infinito. Debe haber un punto de parada realista para cada historia. Tenga en cuenta que cuanto más pequeñas sean las historias, mejor será para su equipo. Es algo que llevará práctica para que sea bueno. Si lo hace, entonces puede aumentar la productividad del equipo.

Tener una regla de que cada historia debe completarse dentro de un sprint particular puede ser eficaz como un medio para alejarse de historias muy grandes. Sin embargo, debe mantener esta regla más como objetivo que como regla dura y rápida. A veces simplemente no es posible. Será especialmente difícil si su equipo no tiene mucha experiencia en la redacción de historias o está recién entrenado.

Contrariamente a la opinión popular, los desarrolladores no tienen un control completo con Scrum. Ellos no hacen lo que quieren. Si esto le parece una verdadera situación, entonces es parte de un equipo que simplemente lo está haciendo mal. En un Scrum, hay funciones y responsabilidades muy específicas. El dueño del producto tiene mucha responsabilidad en el establecimiento de objetivos. Si el desarrollador tiene muchos ratos libres, entonces algo no funciona dentro del rol de dueño del producto o la autoridad de la persona en esa función.

A veces, las personas en la sección de negocios de un equipo pueden sentir que los desarrolladores tienen más libertad de la que deberían porque no entienden las metodologías Agiles. El proceso de colaboración dentro de metodologías Agiles presenta muchas discusiones y luego una cantidad igual de negociación entre desarrolladores y clientes. Así es como funciona este sistema, pero puede confundir o incluso molestar a otros.

Scrum y Kanban a veces son vistos como enemigos cuando realmente pueden funcionar bien juntos.

Pueden trabajar juntos muy bien si lo desean, pero no tienen que hacerlo. Incluso se podría decir que los creadores de estas dos herramientas están utilizando esta competencia percibida como una herramienta para publicidad. Sin embargo, hay muchos equipos que toman lo mejor de ambas herramientas y las utilizan para dar a sus proyectos el mejor resultado posible.

Si tiene un plazo fijo, Scrum aún puede funcionar para su proyecto. Puede que no lo parezca a primera vista, pero lo ideal es que las metodologías Agiles se implementen en proyectos con fechas límite fijas. El poder en el Scrum es aprovechar la fecha límite y asegurarse de que todo el trabajo esté escalonado hacia esa fecha límite. Esto puede significar cambios en los objetivos y requisitos para cumplir con dichos plazos. El Scrum también es sorprendente para proyectos que vienen con un precio fijo porque el costo es a menudo multiplicado por el salario.

El mito de Scrum que no funciona con el proyecto Brownfield es quizás el mito más intenso de todos los mitos. Aquí es donde Scrum definitivamente puede brillar. Es un lugar donde algo ya existe. Aquí es donde los métodos Agiles están en su mejor momento: los Brownfields: Greenfields son muy manejables con Scrum, pero Brownfields es ideal debido a que ya contiene su sistema operativo.

Existe la idea de que Scrum no funcionaría con proyectos de Greenfield. Definitivamente es un mito. Scrum puede funcionar bien en proyectos Greenfield. El objetivo final de un proyecto Greenfield es preparar a su equipo. Deben estar trabajando y pensando como si ya estuvieran operando en un proyecto Brownfield.

Por cada persona que piensa que Scrum no puede trabajar en proyectos o que su sistema existente funciona mejor, hay otra persona que cree lo contrario.

Hay algunos problemas sin embargo. En Greenfield, un entorno de prueba automatizado es más fácil, pero no tener códigos o un producto real funcional puede ser un desafío. También hay muchos desarrolladores que piensan en mentalidades muy negras y blancas. Esto significa que sienten que un proyecto es todo o nada. Esa idea es algo que hay que superar. Eso puede ser difícil de hacer porque esos desarrolladores tienen que aceptar que las cosas estarán cambiando la mayor parte del tiempo. Si no se encuentra acostumbrado a eso, probablemente la pasará mal.

Si usted cree que hay un mal momento para probar el método Scrum, es posible que nunca lo intente. Siempre hay un millón de excusas para no probar algo nuevo. El cambio puede ser muy inconveniente, pero eso no significa que no pueda ser rentable y que sea algo grande para sus equipos.

Es muy fácil hablar de cualquier cosa. Si desea una excusa para posponer la mejora de su proceso comercial, entonces lo hará. Siempre que haya decidido que algo es una mejor opción, ese es el mejor momento para cambiar. Idealmente, el mejor momento para probar Scrum es un sistema Brownfield con un plazo de seis meses aproximadamente y requisitos incompletos, pero desde luego no es el único.

Pensar que Scrum es mejor o peor que el método de cascada es un error. Cada situación requiere su propio enfoque y solución. El método de cascada es muy útil si está en un lugar muy predecible. Esto significa que los requisitos son estables y muy claros desde el principio. Además, tener una adaptación y retroalimentación mínimas necesarias durante un proyecto es ideal para el uso de los métodos de cascada. Cuanto más directo sea un proyecto, más probable es que se use el método de cascada. Un ejemplo de cuándo se debe usar el método de cascada es agregar un piso adicional a un edificio. Si sabe exactamente lo que desea hacer y tiene expectativas claras de costos y plazos, entonces el método de cascada es aún más conveniente. Si esta descripción no coincide con su proyecto o sus objetivos, es posible que necesite un enfoque Agile como Scrum para lograr sus objetivos. Cuando decida si Scrum es adecuado para usted, considere su proyecto seriamente, luego decida qué es lo mejor para usted.

Si cree que la planificación no es crucial para un Scrum, entonces piense de nuevo. La planificación no es tan simple como los métodos tradicionales. Todavía es importante para el proceso. Lo que hace que las metodologías Agiles, como Scrum, sean únicas es que el proceso no es tan lineal como lo planifica y lo hace. La planificación nunca se detiene. Suele ocurrir cada semana. Esta planificación es muy estructurada, y cada paso se crea con el objetivo final en mente. A medida que recopila más información subyacente, puede organizar y refinar mejor los planes que tenía desde el principio. Por lo tanto, a medida que un equipo recibe la retroalimentación, ajustarán las propiedades, las estimaciones y los requisitos que consideren adecuados.

Scrum necesita bastante planificación durante todo el desarrollo. Scrum es en sí mismo una especie de planificación. Cada aspecto se presta a la planificación. Los planes, ellos mismos, pueden volverse obsoletos rápidamente, por lo que Scrum evita que todo se vuelva lento y obsoleto. Permite mantener los planes a los equipos exitosos y evitar que clientes o interesados los tengan como rehenes. Veamos un ejemplo. Si un determinado proyecto debe realizarse por completo en una fecha determinada, cualquier desviación se tomará como un fallo del equipo, no del plan real. Scrum permite a los equipos cambiar esos planes para que el fracaso no tenga que ser el resultado.

A pesar de que su equipo puede carecer de un plan por adelantado, no significa que un proyecto no necesite planificación a largo plazo. En la mayoría de los casos, los equipos son eficientes en la planificación solo lo suficiente para durar todo su sprint. A los equipos a menudo les gusta planificar más en el futuro. Si usted es Scrum Master y el equipo está utilizando el método Scrum, asegúrese de obtener una estimación aproximada o un boceto del dueño del producto. Debe mostrar cuáles son los objetivos para el equipo durante un período de cuatro a seis meses. No debería ir más allá de eso. A veces esta estimación se llama un plan de liberación.

Algunas personas creen que para que Scrum funcione, es necesario que haya un líder al mando para garantizar que sea congruente con la visión de la empresa. Scrum es en realidad un método de arriba hacia abajo. El proyecto comienza con una visión, la historia del usuario y la implementación del sprint. Los requisitos operativos normalmente se agregan a las historias de usuario. A lo largo de todo el proyecto, todo se evalúa y se supervisa, y la auto-organización es un principio clave.

Pensar que Scrum funciona solo para desarrollo de software te limitará. Es solo una forma de ayudar a los equipos a entregar resultados. Los métodos Agile comenzaron con los desarrolladores de software en la década de 1990. Esto no significa que estos métodos tengan nada que ver con el desarrollo de software. Claro, le iría bien en proyectos de desarrollo de software, pero eso es solo el comienzo. Hay tantos ejemplos de usos diversos para Scrum, que incluyen finanzas, ventas, desarrollo de productos e incluso mercadeo.

Otro concepto erróneo es la idea de que la TI de alta velocidad es el único lugar donde el método Agile es valioso. Eso no es verdad sobre los métodos Agile. Realmente, la velocidad es un factor en un Scrum. Esto no se debe a que el proceso real sea mucho más rápido, sino a que los objetivos se obtienen más rápido. La entrega más rápida puede hacer que parezca que las cosas van a una velocidad vertiginosa e incontrolable. Considere este ejemplo. Digamos que un cliente tiene un proyecto que no tiene requisitos muy claros desde el principio. Scrum puede ayudar a desarrollar esos requisitos y prototipos.

Algunos piensan que usar Scrum significa que una organización terminará siendo menos disciplinada. Eso, sencillamente, no es verdad. Los métodos Agiles a veces se consideran caóticos porque promueven la idea de una organización centrada en el individuo en lugar de un tipo más común de organización para el que todos siguen el mismo camino. Scrum requiere que cada miembro del equipo tenga un nivel de disciplina increíblemente alto. Tiene un conjunto de reglas que todos deben seguir, pero todos tienen que cumplir con esas normas.

La documentación es importante, independientemente del método que esté utilizando para realizar los proyectos. Scrum no es absolutamente diferente. Los métodos Agiles a menudo terminan requiriendo más documentación. En el caso de proyectos Agiles, comenzará a entregar al inicio del proyecto y no se detendrá hasta la finalización del proyecto. Al principio, todo es completamente preciso debido a la naturaleza de los proyectos. La documentación ocurre cuando es necesaria. Como saben, los proyectos Scrum están compuestos por Sprints y ciclos cortos de retroalimentación. Durante esos ciclos, la documentación se produce porque se produce el cambio.

Tenga en cuenta que hay dos tipos de documentación, pero solo una que debe hacer. Esos dos tipos de documentación son documentación valiosa y documentación innecesaria. Antes de escribir un documento, pregúntese qué es realmente valioso e importante para usted hacerlo. Considere esas preguntas y determine si es importante porque, si no lo es, eso es documentación innecesaria. Pero si la respuesta es "¡sí, esto es importante!", luego escriba esa valiosa documentación.

Lo más probable es que usar Scrum signifique menos documentación, pero eso a menudo significa simplemente eliminar la documentación innecesaria que otras metodologías puedan considerar importante. Es genial que Scrum evite esto porque la documentación definitivamente puede ser un coste y un bloqueador de la comunicación. Tener toda esa documentación implica que a veces las personas pueden usarla para esconderse de otros miembros del equipo. Una conversación es muchas veces más productiva que un documento enviado. Tómese el tiempo para tener esa conversación en lugar de la documentación. Scrum alienta justamente a eso.

Existe la idea de que los métodos Agiles están dentro del esquema de la gerencia de proyectos. Esto significa que debe venir con un proyecto definido y el final del proyecto, así como una cartera cerrada. Esto no es exactamente el caso. Scrum es mayoritariamente independiente de cualquier esquema de gerencia de proyectos.

Algunas personas piensan que la flexibilidad de Scrum tiene el coste de la estabilidad. Este no es el caso tampoco. Aunque nada puede estar perfectamente equilibrado, puede tener tanta flexibilidad como cierta estabilidad. Lo importante es que su equipo enfatice la importancia de la estabilidad con los cambios que se requieren para que ocurran. Se trata de priorizar los objetivos dentro de un equipo.

Capítulo 13: Consejos finales

El método Agile más popular a menudo se considera que es Scrum. Sin embargo, muchos equipos no están implementando correctamente el Scrum en su empresa. Es raro y difícil hacer el Scrum "correcto". Hay comportamientos y acciones comunes que hacen que incluso aquellos con las mejores intenciones se tropiecen.

Resumen de 24 peligros cotidianos en entornos Scrum:

1. *La sobre planificación y preparación.* Romper con la planificación tradicional, extensa y frontal es difícil. Scrum lucha contra esto permitiendo que el equipo comience a trabajar de inmediato y a ajustar el plan y la cartera de productos a medida que avanzan.
2. *El enfoque está en las herramientas, no en las personas.* El proceso Scrum puede beneficiarse de una herramienta de calidad; sin embargo, no es necesario ejecutar un proyecto Scrum de calidad. Aprender a usar la herramienta antes de ejecutar un Scrum es una mentalidad incorrecta. En lugar de

insinuar y pagar por una herramienta elegante de Scrum, tome un lápiz y papel y comience el proceso. Siempre puede ajustarse más tarde cuando se sienta cómodo con los nuevos comportamientos.

3. *El Scrum diario se convierte en una sesión de resolución de problemas.* Mientras que los obstáculos deben identificarse en el Scrum diario, las soluciones no. La reunión pretende ser una breve sesión de actualización y planificación. Si es necesario resolver un problema, debe resolverse con los miembros relevantes del equipo después del Scrum. Esta es la razón por la que el Scrum Master facilita, especialmente los primeros Sprints o los nuevos equipos. Mantienen la conversación encaminada y fomentan un "estacionamiento" para los artículos que no están relacionados con la función del Scrum diario.

4. *Las tareas son asignadas a miembros específicos del equipo por el dueño del producto.* Pasar de una preparación de gerente a equipos auto-organizados es difícil. Muchas personas esperan que se les diga lo que harán, mientras que Scrum permite a los miembros del equipo asumir tareas que pueden aprender y cumplir para alcanzar la meta del Sprint.

5. *Reiniciar un Sprint que falla no sucede.* A veces, especialmente cuando el Scrum es nuevo para una empresa, se debe cancelar un Sprint. Lo que le sucede a los equipos sin experiencia es que quieren esperar hasta que toda la información esté "lista" o "perfecta" antes de volver a intentarlo. Esta es una mala práctica. Si se debe cancelar un sprint, el siguiente sprint debe comenzar inmediatamente después.

6. *El Scrum Master comienza a contribuir.* Un Scrum master no es un participante activo en el desarrollo del producto. Su función es apoyar el proceso Scrum interna y externamente. Responden preguntas sobre el proceso Scrum y mantienen la comunicación y las acciones en la tarea. Pueden intervenir para ayudar al equipo a navegar un desafío relacionado con

Scrum, pero no se les debe asignar una tarea para completar y avanzar en la meta del Sprint o proyecto. Esto los desvía de su función de eliminar obstáculos, ayudar al equipo a adoptar Scrum y proteger al equipo de interrupciones.

7. *El dueño del producto no está involucrado.* Todas las reuniones de Scrum deben tener presente al dueño del producto. Son un miembro crítico del equipo. Además, el dueño del producto debe estar accesible durante los horarios comerciales establecidos y cuando el equipo de desarrollo está trabajando. Debido a que el dueño del producto interactúa con el cliente y otras partes interesadas, es posible que no siempre estén disponibles para el equipo de desarrollo; sin embargo, estas interacciones no deben tener prioridad sobre las reuniones programadas del equipo, incluido el Scrum diario.

8. *Todos los objetivos son objetivos de estiramiento.* Depende del equipo decidir la cantidad de trabajo que pueden manejar en un solo sprint. No es apropiado que alguien ajeno al equipo de desarrollo los presione para que realicen trabajos adicionales. Hacer esto deteriora la motivación y la moral del equipo. Resienten a la persona que los presiona, sienten que no se les considera como personas fiables o dignos de confianza, y el trabajo a menudo es de baja calidad cuando el equipo está demasiado extendido. Es apropiado fomentar los objetivos o desafiar su ritmo, pero depende del equipo hacerlo o no, y no deberían sentirse obligados a intentarlo si no se sienten cómodos con ello.

9. *Hay un solo héroe en el equipo.* El enfoque de un equipo Scrum está en el equipo y no en los individuos. Una persona no debe sentirse obligada, con la expectativa de que va a hacer más que las demás o "salvar" al equipo. Es un esfuerzo colaborativo.

10. *La cartera del producto es administrada por el equipo, no el dueño del producto.* El problema con el equipo que administra este documento es que no poseen el conocimiento

del mercado, los usuarios y el cliente. Su atención está siendo desviada del desarrollo al manejo. El RSI es responsabilidad del dueño del producto y, por lo tanto, ejecuta la cartera de productos. El equipo no debe presionar al dueño del producto para que otorgue prioridad a ciertas características por una razón u otra.

11. *Las soluciones son especificadas por el dueño del producto.* Mientras que el dueño del producto administra la cartera de productos, el equipo es responsable de crear las soluciones para los elementos designados para su Sprint. Son libres de desarrollar una respuesta que determinen que es la mejor. Los requisitos técnicos deben evitarse a menos que el cliente haya solicitado específicamente el detalle.

12. *Las interrupciones son urgentes.* Los Sprints nunca deben ser interrumpidos "urgentemente". El Scrum master protege al equipo de que esto no suceda. Si hay algo que está presionando de tal manera que debe interferir con el Sprint, entonces el Sprint debería cancelarse. Si por la interrupción no vale la pena cancelar un sprint, debe colocarse en la cartera del producto y abordarse cuando el dueño del producto determine que es una de las prioridades más altas.

13. *Se hacen suposiciones.* A veces, los nuevos equipos no solicitan detalles del trabajo que se espera que se produzcan del dueño del producto. Esto no es lo mismo que el dueño del producto que determina la solución para el artículo, sino que comparte las restricciones relevantes para el desarrollo del artículo. El dueño del producto y los miembros del equipo brindan comentarios a diario para asegurarse de que se conozca toda la información relevante.

14. *Las tareas no se están completando.* Ocurre, incluso con equipos experimentados, que los elementos no se completan durante un solo Sprint. Para los equipos que tienen el hábito de extenderse demasiado, esto puede ser una recurrencia que debe abordarse. Para romper este comportamiento negativo, haga que el equipo siga realizando una demostración a pesar

de que el elemento no se haya hecho y monitoree a los equipos utilizando un diagrama de quemados.
15. *Las demostraciones no están listas.* Las demostraciones necesitan tiempo. El espacio debe estar preparado, el entorno debe establecerse, los guiones se desarrollan, y las partes interesadas se preparan. Si no se planifica para esta preparación, el proceso de demostración puede resultar estresante y mal hecho. En vez de eso, factorice estas acciones en la cartera del Sprint, de modo que el equipo esté preparado para la demostración.
16. *El trabajo no es entregable.* La calidad y los resultados funcionales deben estar disponibles después del Sprint inicial de un nuevo proyecto Scrum. La mayoría de los prototipos son innecesarios y retrasan la producción general de la visión del proyecto Scrum. Cosas como wireframes, detalles de diseño y otras herramientas como estas deben eliminarse del proceso.
17. *Su equipo no es reubicable.* Esto no siempre es posible, pero debe ser alentado. Si los miembros del equipo trabajan en el mismo edificio entre sí, considere intentar prepararlos en el mismo espacio entre sí. No es necesaria una "sala de guerra", pero incluso los miembros del equipo en espacios de cubículos separados pueden experimentar problemas con la comunicación y la transparencia. El problema con estas dos áreas en última instancia también conduce a problemas con la calidad y la productividad.
18. *El Scrum Master dirige el equipo.* El rol del maestro Scrum es único porque facilita pero no "hace". Ellos están ahí para guiar al equipo para que se organicen y acepten las reglas de Scrum. Nunca deben decirle a un miembro del equipo cómo hacer su papel o en qué trabajar a continuación.
19. *Los miembros del equipo cambian frecuentemente.* La rotación es inevitable en todas las organizaciones, pero debe evitarse en un equipo Scrum si es posible. El equipo es el centro del éxito de Scrum y la formación de una nueva

confianza y vínculos con los miembros del equipo significa que no es tan productivo o de alto rendimiento como podría ser. Cambiar la composición del equipo cuando no se requiere puede afectar seriamente la moral y la velocidad.

20. *El equipo Scrum contiene otros miembros sin funciones de Scrum.* Cuando una empresa intenta implementar Scrum, es posible que tengan dificultades para adaptarse al concepto de que esas personas tienen nuevas funciones y deberes. Tener un miembro del equipo que retenga un título "antiguo" puede causar confusión. Asegúrese de que las funciones estén alineadas con las funciones de Scrum y que se hayan cambiado "oficialmente", de modo que las expectativas de la función también sean claras.

21. *Calidad del sacrificio.* Los equipos experimentan altas expectativas con respecto a la calidad de su trabajo. Se espera que fabriquen productos funcionales con frecuencia. Es común que los equipos de la compañía vuelvan a entregar proyectos de bajo valor debido a una característica que los presiona para un lanzamiento. En cambio, el enfoque siempre debe permanecer en ofrecer un trabajo valioso y de calidad para el cliente.

22. *Los recursos y el alcance tienen una fecha límite impuesta.* Los proyectos Scrum basados en la realidad significan que la presión externa para crear un alcance mínimo, imponer una fecha límite o restringir los recursos disponibles casi puede garantizar que la calidad del trabajo disminuirá. Esto va directamente en contra de los principios fundadores de Scrum. Exigir estos elementos es fantasioso porque un proyecto Scrum reconoce que el futuro es impredecible y el cambio es inevitable.

23. *La imposición de la definición de "Completado" es debilitante.* Los estándares a menudo se disfrazan y la "Definición de 'Completado'" es a veces inapropiada. La finalización está definida por el equipo y se describe

claramente para que cada miembro del equipo verifique su entrega. No es una imposición de un gerente.
24. *El Scrum Master no tiene disponibilidad.* El maestro Scrum siempre debe estar esperando y disponible para el equipo. Deben permanecer cerca del grupo para asegurarse de que se contesten las preguntas, se sigan los principios de Scrum y se eliminen los obstáculos. La única vez que un Scrum master debe estar desasociado del equipo es cuando están trabajando para eliminar algún bache que el equipo necesita eliminar.

Conclusión

Gracias por llegar hasta el final de Scrum: *Cómo utilizar el esquema llamado Scrum para obtener más producción mientras aumenta la calidad*. Debería haber sido informativo y haberle proporcionado todas las herramientas que necesita para lograr sus objetivos, sean cuales sean.

El siguiente paso es agarrar un pedazo de papel y un bolígrafo (además de una pila de notas post-its) y comenzar a trabajar con su equipo para crear la cartera de productos y el próximo sprint. ¿Su equipo y compañía son completamente nuevos en Agile y Scrum? Pídales que lean este libro varias veces para prepararse para el impulso de la moral, los proyectos exitosos y los clientes felices que los esperan.

Ahora que ha aprendido todo lo que necesita saber sobre Scrum, probablemente ya esté determinando cómo lo puede encajar en la cultura de su empresa. ¡Esto es excelente! Ya está en camino. Simplemente no espere el "momento adecuado" o el "proyecto perfecto" para iniciar esta transformación. Ahora es el momento de tomar el control de su éxito y el RSI. ¡Sus resultados finales, empleados satisfechos y clientes felices se lo agradecerán!

Cuando reúna a su equipo y los guíe en la adopción de un Scrum, asegúrese de que sea claro, transparente y que respalde el proceso de aprendizaje. Esto sirve para su propio proceso de aprendizaje también. Este cambio en la forma de pensar requiere tiempo y esfuerzo, pero si no hay nada más evidente para usted, es de esperar que los beneficios valgan la pena. El consejo final en el capítulo 9 sobre el Scrum diario puede aplicarse aquí.

Ahora que está listo para empezar; ¡diviértase! Este es un viaje emocionante centrado en la felicidad de sus empleados y clientes al proporcionar un trabajo valioso y de calidad. Continúe recordándose esto y encuentre maneras de divertirse durante todo el proceso. Cuando se dé cuenta de que finalmente ha madurado y se convierte en una compañía Scrum completamente operativa, ¡entonces realmente se divertirá!

Si ha disfrutado este libro, ¿puede dejar un comentario sobre él?

Haga clic aquí para dejar un comentario sobre el libro en Amazon.

¡Gracias por su apoyo!

Eche un vistazo a más libros de James Edge

www.ingramcontent.com/pod-product-compliance
Lightning Source LLC
Chambersburg PA
CBHW021835170526
45157CB00007B/2808